JCA 研究ブックレット　No.33

地域運営組織による子どもの地域福祉

農村への展望

東根 ちよ・筒井 一伸◇著
山浦 陽一◇監修

Ⅰ　子どもの地域福祉という視座

近年、子育て支援に関わる関係者の間でよく使われる言葉に「子どもをまんなかに」というフレーズがあります。筆者の一人がはじめてこの言葉に出会ったのは、2018年11月、鳥取県大山町《だいせんちょう》で行われた森のようちえん全国交流フォーラムの機会でした。この言葉には、子どもに関わる実践で大切にされている価値観が表現されているような気がして印象に残りました。そのため、はじめて出会った機会のことを鮮明に覚えています。

このように、関係者の実践から生まれたフレーズは「こどもまんなか社会」という形で、2023年4月に新設されたこども家庭庁がかかげる目標としても用いられるようになりました。こども家庭庁では、成長段階や課題ごとに縦割りで行われてきた施策の改善に向けて、各省庁の行政事務を「こどもまんなか社会」の旗印のもと集約することがめざされ、具体的には、内閣府の子ども・子育て本部、厚生労働省の子ども家庭局の行政事務が移管されることになりました。なお、この子ども家庭局をさかのぼると、かつては雇用均等・児童家庭局として、そして2001年の省庁再編前の旧厚生省時代には児童家庭局として運営されていました。当時から「次代を担う子どもたちが健やかに生まれ育つための環境づくりを進めていくことは、21世紀の少子・高齢化社会に向けてわが国が活力ある福祉社会を築いていく上で、今や高齢者対策と並ぶ重要な政策課題」との認識のもと、国や自治体はもとより企業・職場や地域コミュニティを含めた社会全体が、家庭の子育てを支援する「子育て支援社会」の構築がめざされてきました（注1）。

こうして、子育て支援に対する問題意識が社会的に高まり、2000年代以降には具体的な施策も以前に比べ行われるようになりました。ですが、国や自治体の専門機関や専門職による取り組みはその支援が行き届く子どもが限られ、制度からこぼれ落ちる「すき間の子ども」（村上編著、2021）を生み出してしまうという問題を常に抱えています。

そして、制度が十分に行き届かない中そのような子どもたちに寄り添っているのは、ＮＰＯやボランティア団体など、志を共有する人たちによるボランタリー活動の取り組みです。一方で、活発に行われるボランタリー活動においてもすべての子どもを支援するには限界があり、活動の継続性や広がりに課題を抱えているのが実態となっています。

そのような中、本書では地域コミュニティが主体的に行う取り組みに着目します。これまでの子育て支援のもとでは、地域コミュニティはあくまでも行政による施策の協力者や支援者としての位置づけにあり、地域の側の主体性が尊重されてきたとは言い難い状況にありました（山野、２０１８）。また、２０２１年12月に閣議決定された「こども政策の新たな推進体制に関する基本方針」では、こども家庭庁の基本姿勢として「ＮＰＯをはじめとする市民社会との積極的な対話・連携・協働」がかかげられていますが、そこに地域コミュニティの姿をうかがい知ることはできないようにも感じられます（注2）。しかし、歴史的に見れば「子どもをまんなかに」子育てを担ってきたのは、紛れもなく地域コミュニティでした。地域コミュニティはただ単に子どもが育つ場所という空間的な意味をもつだけではなく、大人や異年齢の子どもたちなどさまざまな他者との社会関係が含まれ、そのなかで子育ては営まれてきました。このような事実からみれば、現在のようにマンパワーが縮小した家族が子育ての責任を一手に引き受けるありようは、歴史的に特異な子育て環境といえます。また、行政による子育て支援やＮＰＯなどによるボランタリー活動は、その必要性や力強さは強調される必要があるものの、それだけではすべての子どもたちの育つ環境を整えるには限界があることも事実です。このような状

（注１）旧厚生省サイト「児童家庭局　子育て支援の環境づくり」
https://www.mhlw.go.jp/www1/sosiki/12.html（最終閲覧日：２０２３年3月20日）
（注２）同項目では、「こどもや若者、子育て家庭に対し地域で支援を行っているＮＰＯをはじめとする様々な民間団体や、地域で活動する民生・児童委員、青少年相談員、保護司等とのネットワークを強化し、市民社会との積極的な対話・連携・協働を図っていく」と明記されています。

況に対して本書では「子どもの地域福祉」という視座を取り入れることで、地域コミュニティのなかから立ち現れ、地域コミュニティが主体的に行う取り組みを読者のみなさんと共有していきます。

なお、子どもが育つ環境として地域コミュニティに着目すること自体は特に目新しいことではなく、「地域で子どもを育てる」というフレーズそのものは、子育て支援の施策や実践においてよく見聞きする言葉でもあります。一方で、一歩踏み込んで考えてみると、地域コミュニティが主体的に子どもを育む取り組みを行っている場合、実際にはどのような取り組みが行われているのか、そのような取り組みは一体どのようにして構築されてきたのか、具体的にどのような工夫があるのかなど、その内実を知ることのできる資料は少ないのが現状です。

そこで、私たちが読者のみなさんと共有したいと考えているのが、本書の舞台となる鳥取県西伯郡《さいはくぐん》南部町《なんぶちょう》の東西町《とうざいちょう》地区における実践です。東西町地区は南部町の北部に位置し、米子市に接する約５００世帯の地域です。南部町は南側に山地、北側に平地や丘陵地が広がり、水田と特産物である柿やいちじくなどの樹園地が形成されている農村地域ですが、東西町地区は住民の多くが米子市をはじめ近隣への通勤者およびその退職者となっている、南部町内では新しい郊外型の住宅団地です。約50年前に宅地造成され一から地域づくりが行われた東西町地区では、「地区の子どもは地区で育てる」を合言葉とし、地域コミュニティで子どもを育む環境を創り上げてきました。そのような東西町地区では、農村の文化や共同性を活かしながら子どもの地域福祉を実践しています。なお、これまで地域コミュニティの関与が大きいとされてきた農村での子育て環境は急速に変化しつつあり、農村であっても地域コミュニティによる新しい子育て環境の確立が喫緊の課題となっています。そのような中、東西町地区からは、地域コミュニティによる子どもの地域福祉を現代社会において一からどのように築いていけるのか、あるいはどのように再構築していけるのか、今後の子どもの福祉や子育て支援のありようを考えていく際にも大きなヒントが得られると私たちは考えています。そしてこのようなヒントを、地域のボランティアやＮＰＯスタッフなどの子育て支援部門の行政担当者など関係機関の職員のみなさん、そして農村において同様の取り組みを進められようとしている地域運営組織の事務局員といった関係者のみなさんにも届けたいと思い、私たちの研究は始まりました。

東西町地区の特色は、地域運営組織（Region Management Organization，以下ＲＭＯ）による地域づくりが展開されている点にあります。したがって、本書で取り上げる子どもの地域福祉の主体はＲＭＯです。地域福祉とＲＭＯの関係については、かねてから論じられてきました。例えば、山浦（２０１７ａ）は設立母体の特徴からＲＭＯの類型の一つとして地域福祉型を提示しています。さらに、山浦（２０２２）は地域福祉分野におけるＲＭＯとの連携について取り上げていますが、その焦点は高齢者の地域福祉にあります。このように、ＲＭＯでは高齢者の地域福祉は主題化されつつありますが、子どもの地域福祉についてはほとんど議論が行われていません。一方で、東西町地区の実践からは、ＲＭＯが積極的に行う子どもの地域福祉の取り組みが浮かび上がります。

Ⅱ　子どもをめぐる困難と子育て支援の課題

1　子どもをめぐる困難の実態

近年、こども家庭庁の創設をはじめ子どもの福祉や子育て支援が注目される背景には、子どもを取り巻くさまざまな困難があります。とりわけ都市部においては、児童虐待、子どもの貧困、ヤングケアラーなど、産業化の過程で地域コミュニティから切り離され、マンパワーが縮小した家族のなかに囲い込まれた子どもの深刻な問題が表出しています。

当然のことですが、社会の変化とともに子どもを取り巻く環境も変化しています。なかでも、とりわけ社会の産業化は子どもが育つ環境を大きく変化させせました。産業化が進展する以前、地域コミュニティにおいて生産（経済）活動と生活が一体的に営まれていた頃、子育ては地域コミュニティのなかでさまざまな大人や異年齢の子どもたちとの関わりを得ながら共同で行われる営みでした。一方、産業化が進展し工場や会社に勤める雇用労働者が増え、人々の生産（経済）活動と生活の場が分離するにともない、子どもたちは地域コミュニティから切り離され、マンパワーが縮小した家族に囲い込まれた環境で育つことを余儀なくされました。さらに近年では、子育ての責任を一手に担ってきた家族のありようも急速に変化しています。たとえば、ひとり親世帯や子どもがいる世帯の母親の有職率が増加するなか、家族が担うことのできる子育ての機能そのものが低下しています（注3）。そして、そのような環境のなかで生じる子どもの問題が社会的に着目されるようになりました。では、具体的にどのような困難が生じているのでしょうか。ここでは、子どもをめぐる問題と子育て支援の現状を確認します。

まず、児童虐待については深刻な事態が後を絶ちません。児童虐待には、直接的な暴力である身体的虐待のほかにも、適切な養育を行わないネグレクト（養育放棄）と呼ばれる不適切な養育環境などが含まれています。国内ではとりわけ1990年代以降、喫緊に対応しなければならない問題として広く共有されるようになりました。児童虐待の実態を見てみると、全国225か所の児童相談所が2021年度に対応した相談件数は20万7660件と、過去最多となりました（注4）。また、より深刻なケースである死亡事例については、2003年以降、毎年厚生労働省が詳しい検証を行っています。この検証によると、親子心中を含めない虐待死の人数はおおむね50人前後で推移し、その背景には保護者の養育力の弱さや育児不安など、保護者自身が必要な支援を受けることなく孤立した状況のなかで追い込まれていく状態にあることが分かっています（注5）。このような児童虐待の実態に対しては、2000年に児童虐待防止法が施行され、2004年の児童福祉法の改正では、関係機関が気になる子どもや保護者に関する情報交換や支援内容の協議を行う場として要保護児童対策地域協議会（子どもを守る地域ネットワーク）が設置されるなど、具体的な取り組みが行われています。しかし、深刻な死亡事例は減少することなく後を絶たないのが実態となっています。

また、児童虐待とならんで、2000年代以降に子どもをめぐる問題として広く認識されるようになったのが、子どもの貧困です（阿部、２００８）。２００９年、厚生労働省が初めて公表した子どもの相対的貧困率は14・２％で、子どもの７人に１人が相対的貧困の状態にあるという事実が注目されるようになりました。そして、このような経済的に困難な状況はただ単に物質的な不足だけでなく、子どもが成長するうえでの体験や人との関わりなど、さまざまな不足を生じさせることも明らかになっています。「貧困」という言葉からは食べるものや着るものさえ不足している状態がイメージされがちですが、生きるうえで必要最低限のものさえ満たされていない状態は絶対的貧困と呼ばれます。一方、絶対的貧困に対して相対的貧困とは、国内の所得水準と比較した際に相対的に貧しい状況を示します。このような子どもの貧困に対しては、２０１４年１月に子どもの貧困対策の推進に関する法律が施行され、同年８月には具体的な政策パッケージとして子供の貧困対策に関する大綱が策定され、「教育の支援」「生活の支援」「保護者に対する就労の支援」「経済的支援」が重点施策となっています。

さらに近年、ヤングケアラーと呼ばれる子どもたちにも注目が集まっています。ヤングケアラーとは、家族にケアを要する人がいるために、家事や家族の世話などを行っている18歳未満の子どもをさしています（澁谷、２０１８）。２０２０年に新聞連載で取り上げられたことをきっかけに、ヤングケアラーである子どもたちの実態に社会的な注目が集まりました（毎日新聞取材班、２０２１）。そして、２０２１年に厚生労働省が公表した初めての全国調査では、中学・

（注３）国勢調査によると、ひとり親と子どもからなる世帯の一般世帯に占める比率は、１９８０年では5・7％であったのに対し、２０２０年には9・0％となっています。また、国民生活基礎調査によると、子どものいる世帯の母親で「仕事あり」と回答した人の比率は、２００４年では56・７％であったのが年々増加し、２０２１年には75・９％と過去最多となりました。

（注４）厚生労働省サイト「令和３年度　児童相談所での児童虐待相談対応件数」
https://www.mhlw.go.jp/content/001040752.pdf（最終閲覧日：２０２３年４月５日）

（注５）社会保障審議会児童部会児童虐待等要保護事例の検証に関する専門委員会（２０２２）「子ども虐待による死亡事例等の検証結果等について」

高校生のうちおよそ20人に1人がヤングケアラーであるという状況が明らかになりました。ヤングケアラーという言葉が表れ、家族の介護を担う子どもたちの実態や特有の困難が浮かび上がることで、このような子どもたちを支援する動きや当事者同士による活動も行われ始めています。

このように、子どもをめぐる問題については、１９９０年代以降、児童虐待、子どもの貧困、ヤングケアラーなど、おおよそ10年ごとに社会的に注目されるテーマが立ち現れてきたともいえます。一方で、そのどれもが未だ深刻な状況にあり、それぞれの問題は相互に関連し重なり合う、複雑で一筋縄では解決できない問題でもあります。

2　こぼれ落ちてしまう子どもたち

このように、子どもをめぐる問題は以前よりも社会的に問題意識が共有されるようになり、支援施策も行われるようになりました。ですが、これまで述べたような専門機関や専門職による取り組みはそもそも行き届く子どもの範囲が限定的で、支援からこぼれ落ちる子どもを生み出してしまうという問題を抱えています。

実のところ、子どもに特化した相談機関である児童相談所や市町村の児童相談・子育て支援窓口が関わる子どもは、すべての子どもから見ると50％に満たないとも考えられています（山野、２０１８）。子育て支援の施策のなかでは重要な位置づけにある専門機関ですが、その支援が行き届く子どもは一部であるというのが実態です。また、専門機関は職務として子どもに関わる以上、一人一人の子どもに個別に向き合いながら日常的に寄り添い関わり続けるには限界があります。さらには、支援が必要な状態になった後、事後的に関わることが主になるという課題もあります。このように公的な専門機関による子育て支援は、対象者が限られるとともにその関わりの内容にも限界があります。

そのような中でもう一つ子育て支援の動きとして確認しておきたいのが、志を共有する人の集まりであるボランタリー活動の取り組みです。公的な専門機関が課題を抱えるなか、国内では各地域で自発的なボランタリー活動が活発に行われてきた歴史があります。特に、子どもに関わる取り組みはボランタリー活動の活躍が顕著で、近年のこども家庭庁の基本姿勢にも、ＮＰＯが「対話・連携・協働」の先として登場します。ボランタリー活動の例としては、たとえば、１９７０年代から１９８０年代にかけて女性労働者が増えるなか、当事者同士で子どもを預かり合いながら保育所を設置・運営した共同保育の取り組みや、同時期、遊びや文化体験を通じて子どもが育つ環境を高めようとした子ども劇場の取り組みなどがあります。また、２０１０年代から全国で広がる子ども食堂（無料もしくは低価格で食事を提供する活動）は、そのようなムーブメントの先端にあるといえるでしょう。認定ＮＰＯ法人全国こども食堂支援センター・むすびえの調査によると、子ども食堂は、２０２３年2月時点において全国７３６３か所で運営されその数は増え続けています(注6)。２０２０年からのコロナ禍では、子どもたちの通う学校が一斉休校を迫られ、公的な専門機関が子どもや家庭との関わりが制限されてしまうなかにおいても、ボランタリーな子ども食堂の数は増え続け、公的な制度に縛られない草の根の取り組みの強さを印象づける出来事にもなりました。一方で、このように大きなムーブメントとなるボランタリー活動もまた同じように、関わることのできる子どもが限定されてしまうことに加え、活動の持続性や広がりには限界があるなどの課題を抱えています。

3　農村の子育て環境の変化

以上のような専門機関とボランタリー活動の状況をふまえて、本書では、少なくともこれまでの子ども政策のなかでは着目されてこなかった、地域コミュニティが主体的に行う取り組みに着目します。地域コミュニティは、子どもたちが生活する最も身近な空間であり社会関係を築く育ちの場です。そして何よりも、専門機関のように成長段階や課題ご

（注6）認定ＮＰＯ法人全国こども食堂支援センター・むすびえサイト「２０２２年度こども食堂全国箇所数発表（２０２３年2月確定値）」https://musubie.org/news/6264/（最終閲覧日：２０２３年4月5日）

とに対象を区切ることなく、すべての子どもたちに関わる主体でもあります。また、とりわけ子どもに関しては、自分自身で自由に動き回ることのできる活動範囲が限られることからも、地域コミュニティのありようは子どもの育ちに大きな影響を与えます。

では農村の子どもたちの生活環境はどのように変化してきたのか、少し長い歴史の中で確認してみましょう。そもそも戦前期から子育ての主な担い手は家庭における母親であったとされる一方で、地域コミュニティには子育ての機能がありました。それは農村では生産（経済）活動と生活が密接に関係してきたことに由来します。農村はそもそも集落を単位にした様々な共同作業によって成立してきた歴史があり、母親も農業生産の重要な担い手でした。そのため、家庭の中で母親のみが子育てを担うことは困難であり、多様な地域住民が子育てに参画してきました。例えば森尾（２００２）は、群馬県北橘村《きたたちばなむら》（現渋川市《しぶかわし》）を例に、日常的に祖母の世代が近所同士で遊ぶ子どもに目を配り、その遊び場が神社など集落の社会組織によって運営や整備されてきた「場」であり、そこで子どもが社会性を身に付けていく実態を明らかにしています。つまり農村での子育ては母親が家庭内部で完結させる営みではなく、集落がその担い手でもあったのです（注7）。

このような農村の子育て環境は、高度経済成長や過疎化という社会変動のなかで変化してきました。箕浦（１９８５）は岡山県吉備高原を対象に、例えば子どもが身に付けるべき伝統的な「一人前」の概念であった牛使いなどの作業は、農業機械の導入などで無くなり、生産（経済）活動の時間に子どもの手を必要としなくなったことによって、家庭内での共同意識が希薄になっていったとします。さらに農業の兼業化による農業外就労の増加により、農作業などを中心に存在していた集落の共同体の規範は変容していきました。

また過疎化は子どもの遊び場も変化させました。学校外でも子どもたちの遊び場は前述の通り神社などであり、同じ集落に住む子どもたちが遊び相手となってきましたが、過疎化による子どもの減少は遊びの集団を弱体化させました。

結果として小学校では放課後も校内で自由に遊ぶことを可能にするなど、学校での滞在時間が長くなっていったのです。

　このように20世紀の農村の子育て環境は、「家庭＋地域コミュニティ」から「家庭＋小学校」という形に変化してきました。しかし21世紀に入り、この形も瓦解し始めています。原因は小学校の統合です。例えば過疎法における過疎地域の小学校数は**図1**に示す通り、１９７０年の６６２２校から２０２０年は３３０３校と半数以上が廃校となりました（注8）。特に２０１０年から２０２０年の10年間での減少率は25・3％と、４校に１校が役割を終えたことが分かります。農村では過疎化の中で子育て環境が「家庭＋小学校」という形に変化してきましたが、その一つの担い手であった身近な小学校が急速に減少し、物理的な距離だけではなく関係性の面からも遠くなっているのです。このような背景もあり、小学校だけではなくもう一つの担い手として「地域コミュニティ」に期待が集まります。しかし昔ながらの「地域コミュニティの子育て環境」を懐古的に求めることはできません。なぜなら農村も変わり続けているからです。

　当然のことながら現在の農村は戦前や高度経済成長前の社会環境ではありません。もちろん少子高齢化のなかで子どもの数が減少していますが、その一方で田園回帰と呼ばれる都市から地方への特に若い世代の移住が続いています。２０１０年代に入り急速に広がったこの流れはコロナ禍でも止まらず、移住支援を行う認定ＮＰＯ法人ふるさと回帰支援センターの移住相談件数は２０２１年に４万９５１４件と過去最多を記録しています。またその年齢層は20歳代が19・

（注7）また森尾（２００２）は農繁期託児所の開設もムラの社会組織が協議をして開設しており、日常の暮らしによって培われたムラの主体性と相互扶助が集約されたものとします。なお農繁期託児所とは、季節的に繁閑がある保護者の労働のため保育に欠ける乳幼児を保護するもので、１８９０年鳥取県気高郡《けたかぐん》美穂村《みほそん》下味野《しもあじの》（現鳥取市）に開設されたものが起源とされています。

（注8）この間、過疎地域指定を受ける自治体は増え続け、過疎地域の面積は１９７０年当初に公示された10万２３３３㎢から２０２０年には22万６５５９㎢と2・2倍に広がっていますので、この数字以上に小学校がない地域は増えています。

９％、30歳代が30・５％、40歳代が23・７％と、いわゆる現役世代が全体の四分の三に迫っています。実際の移住者数をみても、例えば鳥取県は２３６８人、富山県は８２３人など、２０２１年度に過去最多を記録した県もあります。「鳥取県出生数７年ぶり増――子育て世代の移住が順調」（日本海新聞２０２３年１月12日付）といった報道がなされるなど、移住との因果関係の詳細な検証が必要であるものの、田園回帰の中で新たに子どもが生活をし始める農村も少なからず存在しています。このような背景もあり新しい「地域コミュニティ」の子育ての担い手像を考えていくことは、これからの農村にとっても重要なのです。

本書ではその手掛かりを東西町地区の実践から考えていきます。東西町地区は米子市の都市近郊農村に新たに住宅地開発された地域であり、いわゆる農業を主体とした地域ではありません。しかし地区から一歩外に出ると、そこには農業を営む集落があり、それらの集落とともに小学校区を形成してきました。そのような農村に囲まれながら新しく創り上げられてきた東西町地区だからこそ、一から立ち上げられた子育て環境に地域コミュニティがどのように関わってきたのかをみることができると考えました。

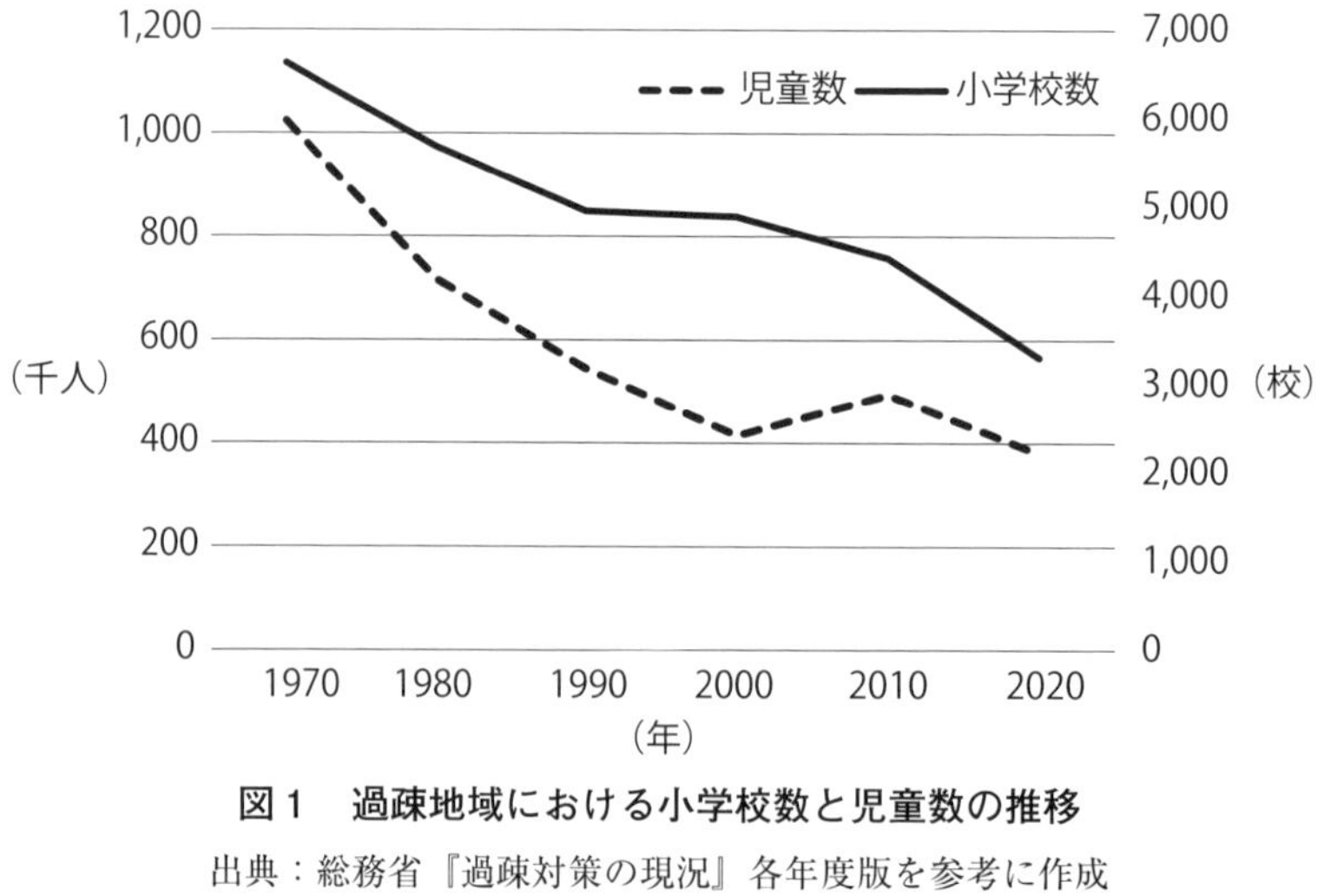

図１　過疎地域における小学校数と児童数の推移

出典：総務省『過疎対策の現況』各年度版を参考に作成

4　地域コミュニティへの期待

子どもの問題に対応していくためには、公的な子育て支援の充実はもちろんのこと、一人一人の子どもの生活の場となる地域コミュニティで子どもの育ちを支える営みをどのように紡ぎだしていけるのか考える必要があります。一方で、地域コミュニティも変化するなか、「子どもの育ちを地域コミュニティで支える」といっても、具体的な取り組みや青写真を描きづらいのが現状です。

また地域コミュニティという概念自体も多義的であり、定義も必ずしも一つではありません。例えば、旧自治省は１９７１年に策定した「コミュニティ（近隣社会）に関する対策要綱」において「地域を基礎として、連帯意識で結びつけられた人間集団」（木村、１９７０）と幅広く捉えており、集落や自治会といった従来の仕組みに限定されていません。本書でも地域コミュニティと表現する対象は幅広く捉えていますが、次の二つの捉え方は本書の特徴であるといえます。一つはＶ章で子どもの地域福祉について論じる際に用いる、福祉コミュニティの対比としての地域コミュニティであり（注9）、もう一つは本書のキーワードの一つであるＲＭＯと、その前段にある「新しいコミュニティ」を射程にいれた議論を展開していることです。新しいコミュニティにおける「新しい」の含意は、自治会など既存の地縁組織との対比に加え、１９７０年代にみられた第一次コミュニティブームを意識しており、そのため平成のＲＭＯの設立を第二次コミュニティブームと呼ぶこともあります。ではなぜ新しいコミュニティの提起が必要であったのでしょうか。小田切

（注9）岡村（１９７４）では、地域福祉の基盤としてコミュニティを位置づけるとともに、多数の地域住民に共通の関心や問題意識にしたがい成立する一般的な「地域コミュニティ」と、地域における少数者の問題や要求に応じる「福祉コミュニティ」の二つを分けて提示しています。そして、地域コミュニティの下位コミュニティとして福祉コミュニティが存在し、両者は密接な協力関係にあることが望ましいと指摘しています。

（２００９）は調査に基づく実態から導き出した新しいコミュニティの特徴として①活動内容の総合性、②自治組織であると同時に経済活動を行う二面性、③集落などの従来の地縁組織との補完関係、④組織運営の革新性を挙げています。既存の地縁組織を基にした地域コミュニティが抱える機能面での課題、組織面での課題の克服が新しいコミュニティの議論の本筋であり、それを制度的に実現しようとしてきたのがＲＭＯの設立でした。

　ＲＭＯは全国８１４市区町村に６０６４の組織があります。これは平成の市町村合併で広域化した行政領域を区分して地域課題に対応することを目指し、まちづくり協議会など地域ごとに異なる名称で生まれてきた新しい地域組織を指します。「まち・ひと・しごと創生総合戦略（２０１５改訂版）」では、ＲＭＯを「地域課題の解決に向けた事業等について、多機能型の取り組みを持続的に行うための組織」と定義しています。

　一方で、現にあるＲＭＯの「血筋」をみてみると多様です。前述の通り、山浦（２０１７ａ）は設立母体の特徴からＲＭＯを自治会型、公民館型、地域福祉型の三類型に整理しますが、その一方でＲＭＯは時代とともに機能と組織の再編を重ねてきました。例えば筒井・小関（２０２３）ではコミュニティとしての機能（活動）の変化への対応（新しいコミュニティの特徴①と②）＝機能再編と、コミュニティの運営に関わるメンバーの変化から生まれた組織変化への対応（③と④）＝組織再編について、山形県の二つのＲＭＯのあゆみを紐解きながら、その時々の社会背景や地域的背景を受けて、柔軟に再編していった過程を明らかにしています。すなわちＲＭＯの機能も組織も固定化されたものではなく、常に社会の変化に対応し続けていくものなのです。

　総務省の調査によると、ＲＭＯの活動内容は地域福祉、防災、教育、環境、産業等、多岐にわたり、特に昨今議論が進む機能として農的活動と地域福祉があげられています（筒井、２０２３）。そのような中、山浦（２０２２）では大分県玖珠郡《くすぐん》九重町《ここのえまち》東飯田《ひがしはんだ》地区における地域福祉分野でのＲＭＯとの連携のあり方について議論をしていますが、その焦点は高齢者の地域福祉となります。団塊の世代が後期高齢者となり超高齢化社会に達する「２０２５年問題」が目前に迫る中、高齢者の地域福祉が主題化されてきましたが、本書で取り上げる子どもの地域福祉についての議論は管見の限り見当たりません。また実際の活動に目を向けても、２０２１年に行なわれた総務省による調査の「実施している活動のうち、主要な活動であると考えているもの」（複数回答）の質問項目では「祭り・運動会・音楽会などの運営」（43・６％）、「高齢者交流サービス」（32・５％）、「防災訓練・研修」（30・６％）が上位３位であるのに対し、子どもに関する活動内容は「子どもの学習支援・学童」（４・２％）、「子育て中の保護者が集まる場の提供」（２・２％）、「子ども食堂など福祉的な食堂の運営」（２・０％）、「保育サービス・一時預かり」（０・７％）、「発達に不安のある子どもへの支援」（０・２％）、「ファミリー・サポート・センター事業」（０・１％）といずれも５％未満です。すなわち本書が対象とする東西町地区のように、子どもの活動に取り組むＲＭＯはそれほど多くはありません(注10)。

しかし、東西町地区のＲＭＯの現場からは、特別な（主要な）活動としてではなく、日常に溶け込むように行われる自然な子どもとの関わりがある様子がうかがえます。そして、そのような地域コミュニティの取り組みは、「子育て支援」という視点ではなく「子どもの地域福祉」という視点を導入することで見えてくる、地域コミュニティだからこそ築くことのできる子育て環境であるのです。

（注10）２０１３年以降、総務省によるＲＭＯの実態調査が毎年行われており、以下を参照しました。総務省地域力創造グループ地域振興室（２０２２）『令和３年度　地域運営組織の形成及び持続的な運営に関する調査研究事業報告書』

Ⅲ　東西町地域振興協議会の組織と運営

1　鳥取県南部町の概要

東西町地区がある南部町は鳥取県西部に位置し、北は商業都市である米子市に接し、西は島根県安来市《やすぎし》と接しています（図２）。米子市までは約10㎞、鳥取県の県庁所在地である鳥取市からは西へ約１００㎞、隣県の島根県の県庁所在地である松江市からは南東に約35㎞の位置にあります。平成の市町村合併により、２００４年10月に旧西伯町《さいはくちょう》と旧会見町《あいみちょう》が合併し誕生した際、この地方を表現する地名として古くから使われていた「南部《なんぶ》」という呼称が町名に採用されました。南北に広がる面積は１１４・03㎢であり、農地やため池、里山雑木林、特定植物群落の社叢林などによってモザイク状の土地利用が維持されていることから、環境省の「生物多様性保全上重要な里地里山」に町全域が選定されています。

２０２３年３月末時点の住民基本台帳による人口は１万３３７人で、世帯数は３９０１世帯、高齢化率は38・5％となっています。合併前の旧西伯町、旧会見町のいずれにおいても、隣接する市街地の定住化施策により人口増加に転じた時期もありましたが、

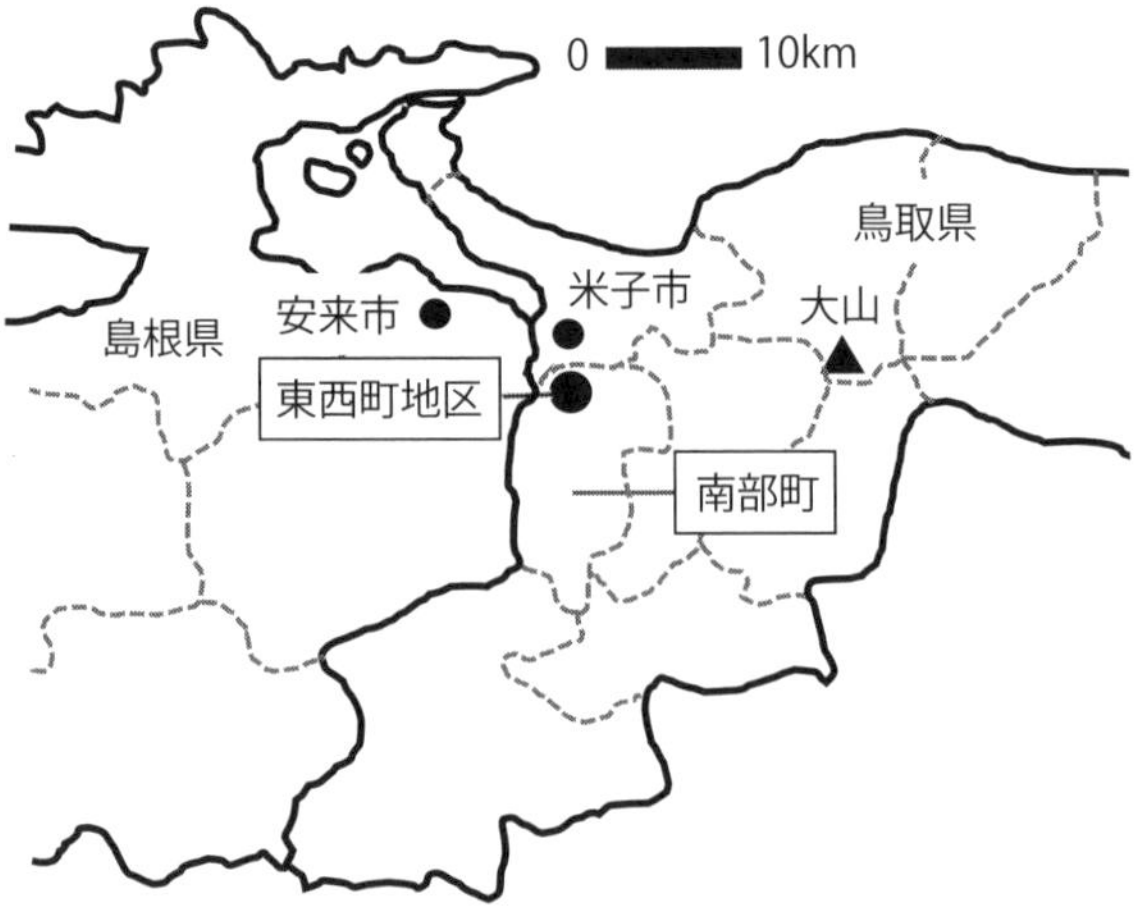

図２　南部町の位置

出典：筆者作成

１９８０年代をピークに人口減少がつづいています。

子どもたちが通う小学校は3校（西伯、会見、会見第二）、中学校は2校（南部、法勝寺）あり、すべての小中学校が、地域住民や保護者が学校運営に関わるコミュニティ・スクール（学校運営協議会制度、以下ＣＳ）を採用しています。２０２２年の文部科学省の調査によると、鳥取県はＣＳの導入率が78・2％と、和歌山県（96・8％）、山口県（94・7％）に次いで全国3位の地域です（注11）。さらに鳥取県のなかでも、とりわけ南部町のＣＳは盛んであることが知られています。というのも、合併前の旧会見町ではＣＳが導入される以前から、「地域に開かれた学校」を理念に地域住民によるゲストティーチャー授業や野外授業が行われていました。この理念が合併にともない旧西伯町の小中学校にも派生していく形で、ＣＳが導入されています。また、２０１４年にはＣＳの卒業生により「高校生サークルWith you 翼」が結成され、２０１７年には高校生サークルの卒業生により「新☆青年団へん to つくり」が立ち上がるなど、新しい動きも芽生えています。高校生サークルと新☆青年団では、各々約30人のメンバーが活動を行い、町内の大人や南部町教育委員会が活動をサポートしています。このように南部町ではＣＳや社会教育の活動が盛んで、現在では、ＲＭＯもＣＳと連携した取り組みを展開しています。

また、南部町は、社会福祉関連施策やボランティア活動にも特色があります。町内には、地域の社会福祉法人伯耆の国が運営する全室個室ユニットの特別養護老人ホームがあります。また、２０１８年には、ひきこもりやニートの若者の社会復帰を支援するための拠点施設「いくらの郷」が同法人により開設されています。加えて、ボランティアを行いたい中学生以上の町民が会員登録を行い、自身が行ったボランティア活動の点数に応じて将来生活支援サービスを受け

（注11）文部科学省サイト「令和4年度コミュニティ・スクール及び地域学校協働活動実施状況（都道府県一覧）」
https://manabi-mirai.mext.go.jp/upload/2022_chousa_ichiran.pdf（最終閲覧日：２０２３年4月5日）

ることができる「あいのわ銀行」が、１９９６年から南部町社会福祉協議会により運営されています。南部町独自のあいのわ銀行のしくみは、近年では買い物代行や移送サービスによる利用が増加しています。

２　地域振興協議会に対する行政の支援

南部町のＲＭＯは２００４年の合併を契機に、２００７年4月から7月に町内全域で立ち上がりました。合併にともない南部町の町長に就任した坂本昭文町長（当時）がかかげた施政方針の一つが、ＲＭＯの設立でした。区域については旧村（明治行政村）を基準とする7地区ごとに設立されており（注12）、ＲＭＯの名称は「地域振興協議会」です。また、具体的にＲＭＯの母体となったのは、住民組織としての区長協議会と社会教育を担う地区公民館でした。

山浦（２０１７ｂ）は、行政のＲＭＯに対する総合的な支援を正当性、財源、人材、設立・運営ノウハウ、拠点の「5点セット」に整理していますが、南部町においても行政はＲＭＯに対して5点セットの手厚い支援を行っています（**図３**）。

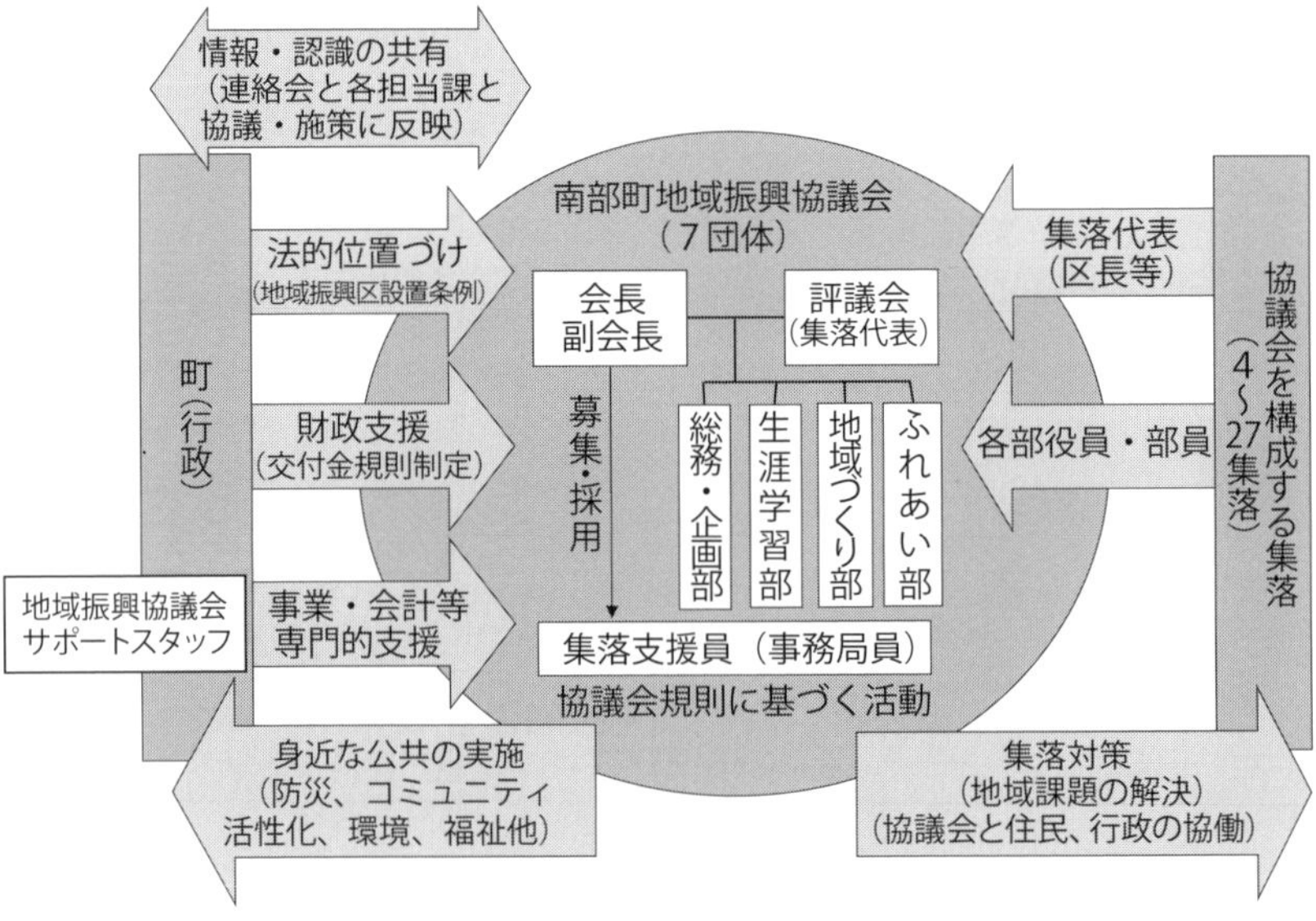

図３　南部町におけるRMOのかたち

出典：南部町（2018）『地域振興協議会発足10周年記念誌』６頁を参考に作成

正当性については、２００７年3月に「南部町地域振興区の設置等に関する条例」が制定され、条例のなかで、地域振興協議会は「地域振興区を統括し、町民の多様な意見の集約及び調整を行い、かつ、地域づくりに係る計画の策定及び計画の実現を自主的に行い、町と共に活動を推進する住民組織」として正式に位置づけられています。そのため、「南部町第2次総合計画」や「第2期なんぶ創生総合戦略」などの町の長期計画でも地域振興協議会が地域づくりを担う住民組織として登場します。また、とりわけ２０２１年3月に町と南部町社会福祉協議会が合同で策定した「南部町地域福祉推進計画」では、「地域振興協議会単位で策定される「地域づくり計画」とも連携し、官民協働による地域福祉の推進」をめざすことが明記されるとともに、重点取組の一つ目に「地域振興協議会における福祉機能の強化」が盛り込まれました。このように、地域福祉を推進するための組織としても、地域振興協議会は正式に位置づけられています。そのほか、南部町教育委員会が策定する「南部町教育振興基本計画（第Ⅱ期）」においても、教育方針の一つとして「地域振興協議会と連携しながら、青年団体を核とする町づくりや地域課題の解決」に取り組むことが明記され、町の教育施策においても地域振興協議会との関わりが一つの柱となっています。

財源については各ＲＭＯあたり年間７００万円から８００万円の交付金が割り当てられています。いわゆる一括交付金の形をとっており、ＲＭＯの活動費、各部会の経費、施設管理費、事務局の人件費などを含み、その分配については各ＲＭＯで決めることができます。交付金の額はＲＭＯ導入前の予算額とほぼ同額で、ＲＭＯの導入により交付金の額が削減されたという事実は、私たちが見聞きする限り確認できませんでした。

（注12）七つの地域振興協議会は東西町のほかに、天津《あまつ》、大国《おおくに》、法勝寺《ほっしょうじ》地区《ちく》、南《みなみ》さいはく、あいみ手間山《てまやま》、あいみ富有《ふゆう》の里《さと》であり、いずれも２００７年に発足しています。南部町地域振興区の設置等に関する条例によると、「主体的に地域活動を行い、かつ、その共同体意識の形成が可能な一定の区域」（第4条）として、旧村ごとの区域が設定されていますが、南さいはく地域振興協議会のみ東長田と上長田の二つの旧村から構成されています。

人材については、とりわけ設立時に手厚い支援が行われています。２００７年４月からは町役場からＲＭＯごとに支援職員が２名（課長級と一般職）配置され、立ち上げ時の事務手続きや計画書づくりを支援していました。２０１１年４月からは支援職員が引き上げられましたが、町役場の企画政策課には事業・会計などの支援を行う地域振興協議会サポートスタッフ１名が常駐し、七つのＲＭＯをサポートしています。そのほか、ＲＭＯの会長、副会長は町の非常勤特別職として辞令交付が行われているほか、地区住民から採用される事務局員は集落支援員として配置されている点も特徴です。

設立・運営ノウハウについては人材と同様、とりわけ設立時に行われている点が特徴でした。各ＲＭＯでは部会制が導入されていますが、設立時、組織の形については、総務・企画部、生涯学習部、地域づくり部、ふれあい部が基本形として示され、基本形をもとに組織づくりが行われました。ただし、２０２２年現在では七つのＲＭＯが基本形にとらわれない形で部会をもっています。本書の舞台となる東西町地区も、設立当初から部会のありかたがその都度変更されています。また、ＲＭＯの設立とともに各ＲＭＯで長期計画の策定が行われていますが、先に述べたＲＭＯごとに配置された支援職員が策定をサポートしていました。

拠点については、各ＲＭＯがそれぞれ事務局の常駐する拠点をもっています。それらは、地区公民館や複合施設の一部など、地区内にある町の施設などを無償で貸与されています。

以上のように、南部町ではＲＭＯに対して行政から手厚い支援が行われるとともに、地域福祉や教育の関連施策においてもＲＭＯが正式に位置づけられ、行政や社会福祉協議会、学校に対してＲＭＯと協働することの正当性が付与されていることが特徴です。ＲＭＯが立ち上がった後も、行政から継続的に手厚い支援があるという状況は、はじめに確認しておきます。

3　東西町地区のようすと地域振興協議会のかたち

（1）東西町地区と子育て世帯

つづいて、本書の舞台となる東西町地区について確認します。東西町地区は南部町の北部に位置し米子市に接しています。南部町のなかでは新しい地区で、1968年から1970年にかけて米子ニュータウンとして宅地造成がされた郊外型の住宅団地です。地区は1区から4区に区分されています。米子市までは自動車で約10分の距離にあり、住民の多くが米子市をはじめ近隣への通勤者、およびその退職者となっています。2023年3月末時点の人口は1142人で、世帯数は502世帯、高齢化率は40・8％となっています（南部町役場提供データ）。総じて少子高齢化が進展しつつありますが転入者も多く、町内の他地区に比べて人口減少のスピードは緩やかです。また、東西町地域振興協議会（以下、協議会）の加入世帯の状況は、2023年3月末時点において、394世帯のうち核家族世帯44・4％（175世帯）、3世代世帯9・6％（38世帯）、18歳以下の子どもがいる世帯21・3％（84世帯）、65歳以上のみの世帯42・4％（167世帯）となっています（東西町地域振興協議会提供データ）。

とりわけ近年は、米子市へのアクセスが良い立地条件のほか、南部町の移住定住や子育て支援施策、協議会による積極的な地域活動が相まって、2015年4月から2022年9月までの7年間で50代以下の構成員のいる世帯が62世帯（171人）転入し、うち29世帯は18歳以下の子どもがいる世帯となっています。転入者は、米子市や南部町内に勤務するかたが多くなっていますが、地区内に実家がある世帯（11世帯）のほか、南部町内において移住希望者の相談・サポートを行うNPO法人なんぶ里山デザイン機構から斡旋を受けて、空き家に入居する世帯（6世帯）もあります。このように、新しい入居者が増えていることから、2016年からは協議会の事務局が主体となり「新しい仲間を迎える会」が開催されています。そして、「新しく入居した人もそうでない人も対等」「年長者だからといって威張らない」などの理念が、協議会の運営方針として共有されています。

（2）協議会の組織と役員

協議会には地区内の約80％のかたが加入しており、会費は年５４００円です。**図４**は地区内にある協議会の拠点を示したものです。地区内には南部町内の社会福祉法人伯耆の国が所有する在宅生活支援ハウスつどいがあり、その一角に事務所が入っています（**図５**）。また、地区には事務所をはじめ、集会所、コミュニティセンターのほか、高齢者のかたが日中過ごすことのできるコミュニティホーム西町の郷があります。

図６は、２０２２年12月時点における協議会の組織図になります。組織は部会制をとっており、清掃や交通・生活環境の整備を担当する「町づくり部」、文化

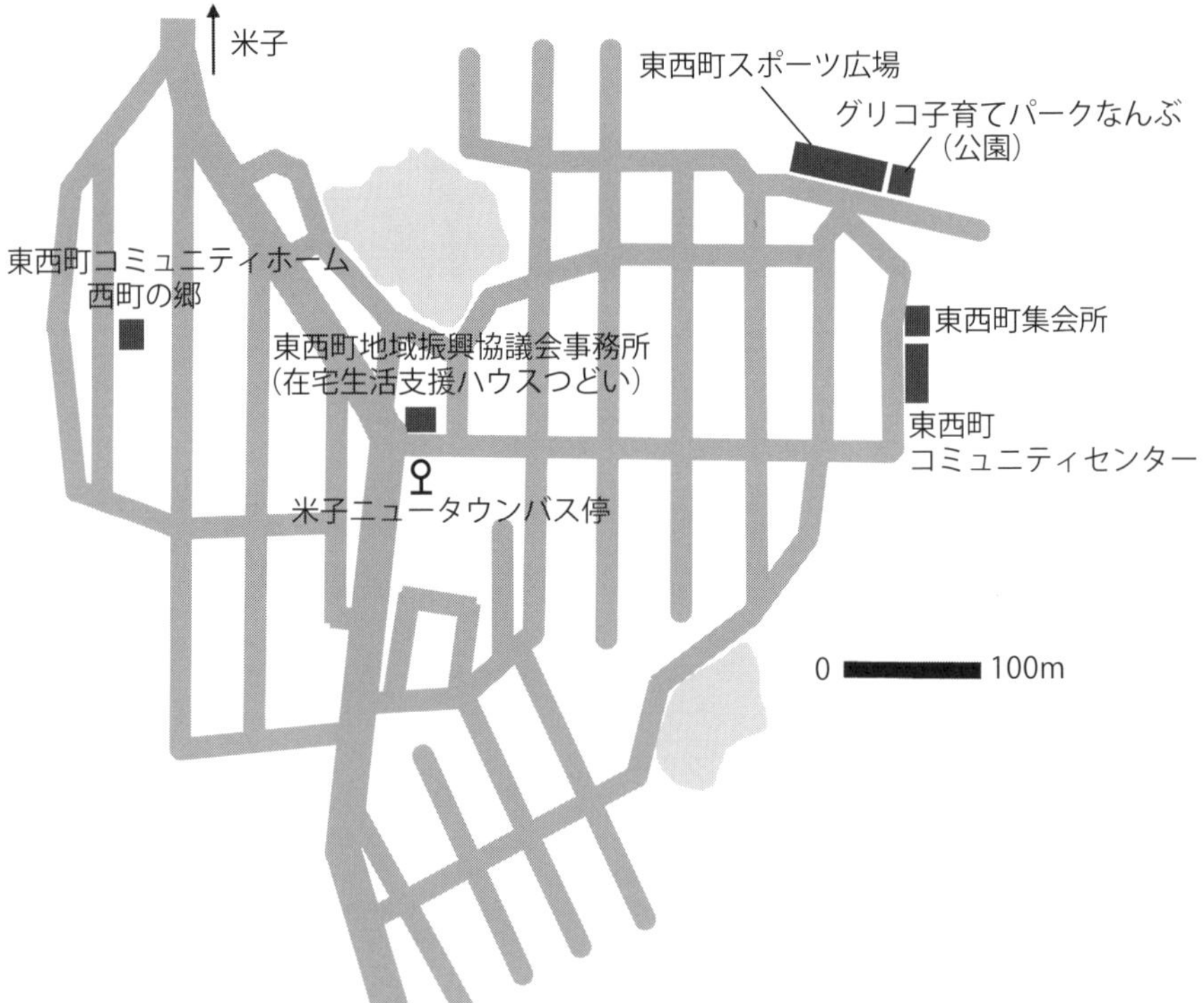

図４　東西町地区の拠点

出典：筆者作成

やスポーツ行事のほか、育成会の活動支援を行う「人づくり部」、主に高齢者の福祉活動に取り組む「福祉部」の三つの部会があります。そのほか、事務局主体業務、放課後児童クラブの運営、西町の郷の運営に分けられています（注13）。のちほど確認するように、子育て支援の活動は、福祉部よりも人づくり部や放課後児童クラブ運営との関わりが深くなっています。

町づくり部は、従来の自治会の活動を引き継いでいる部会です。部員は、いわゆる引き抜きの形ではなく、交代で選出される持ち回り制になっています。持ち回り制の良いところは、意外な特技を持っている人と出会えることだと協議会のかたはおっしゃられます。

人づくり部では、従来の地区公民館の活動を引き継ぎながら、担い手づくりを意識した活動が行われています。部員については、町づくり部の持ち回り制とは異なり、40代から50代の比較的若い世代に直接声をかけ、それ以上の世代はサポート役に回ることが心がけられています。また、性別については男性と女性の割合が約半数ずつであることも特徴です。

図５　協議会事務所の様子
出典：筆者撮影（撮影日：2022年9月12日）

福祉部は、設立当初、町から示された組織の基本形に「ふれあい部」として示されていた部会でした。一方、協議会の立ち上げ当初、福祉の取り組みは社会福祉協議会が行うものであるという認識があり「福祉に対する考えはあまりなかった」といいます。そのような中、社会福祉協議会の東西町地区担当職員が「支え合いマップづくり」を提案し取り組んだことなどをきっかけに、徐々に「ご近所福祉」の意識が芽生えていきました。福祉部の取り組みの多くは高齢者

（注13）協議会の発足以降、部会は複数回改編され、現在の形になっています。２０１１年の編成時には、総務部と事業部が統合し町づくり部に、体育部と文化部が統合し人づくり部となりました。

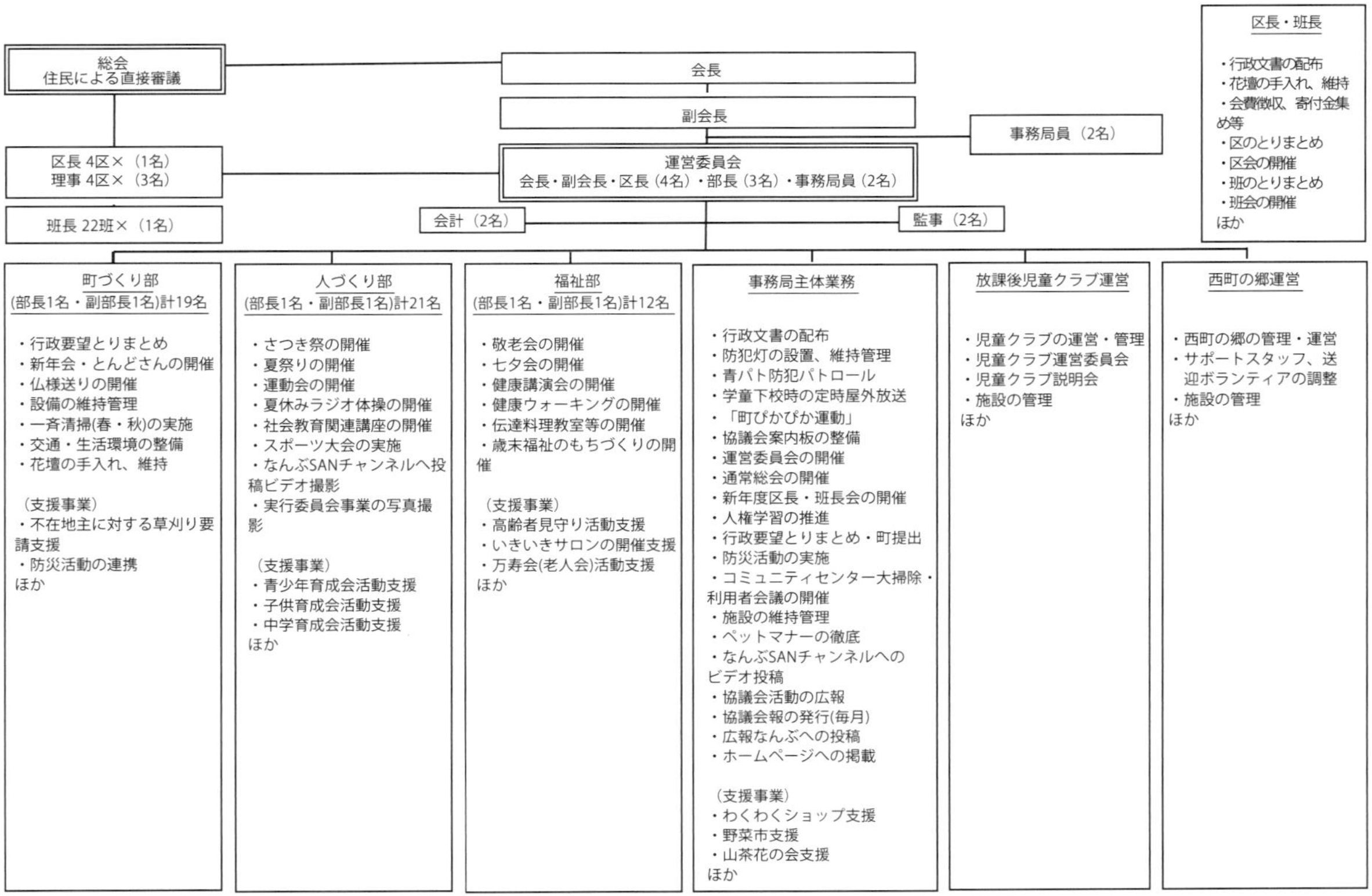

図６　協議会の組織図

出典：東西町地域振興協議会（2020）『令和2年度 東西町地域振興協議会組織図』を参考に作成

を対象としていますが、地区の新小学1年生の登校初日にバス停でランドセルに反射板を付ける活動も、部会の一環として行われています。

役員の構成は、会長および副会長が1名ずつ、事務局員2名のほか、各区からの区長4名、各部長3名が加わり運営委員会を構成しています。運営委員会は年5回行われ、各部会での状況や事務局業務に関する内容、協議会の運営全般について検討する場となっています。そのほか、班長が全22班から1名ずつ、5から6班を束ねる各区から区長が1名ずつ選出されるほか、3名ずつ理事が選出されています。

4　協議会が立ち上がるまで

２００７年６月に協議会が設立されるまで、東西町地区の地域コミュニティは１９７１年から１９８５年３月までの自治会の時期、１９８５年４月から２００７年５月までの自治会と地区公民館の時期、２００７年６月以降の協議会の時期の流れで運営されてきました。全国のＲＭＯのなかでも子育て支援の活動が活発に行われる協議会ですが、現在の協議会には自治会と地区公民館で行われていた活動が引き継がれ、その土台となっています。そのため、まずは協議会が立ち上がるまでの地区の様子を確認します。

(1)　自治会による子どもたちのふる里づくり

まず、１９７１年から１９８５年３月までの自治会の時期になります。１９６８年から１９７０年にかけて東西町地区が宅地造成されると、１９７１年には子育て世代が入居し８戸から自治会が発足しました。出身地も勤務先も異なる世帯の入居により、一からの地域づくりが行われることになりますが、いずれの世帯も子どもがいる子育て世代であったことから、自治会の立ち上げ時のコンセプトには「住みよい町・子どもたちのふる里づくり」がかかげられ、子ども会の活動が活発に行われていきました。

東西町地区は、農村にありながらも新しく開発された住宅地です。そのため、地区内に神社をもたないことから、近隣の地区に掛け合い合同開催するにいたった「子ども樽神輿」は、2020年から数年はコロナ禍の影響で中止されたものの、1978年から現在に至るまで継続的に実施されています（図7）。そのほかにも、同年には地区内でのキャンプ活動が行われるなど、子ども会がけん引しながら地区の子どもたちを地区で育てるという機運が築かれていきました（図8）。たくさんの子どもたちでにぎわう地区の様子を捉えた当時の写真が数多く残っています。

また、地区内における集会所の開設（1976年）やコミュニティセンターの開設（1984年）など、徐々に地域の交流や活動の拠点も整備されていきました。

さらに、東西町地区の特色であるのが、地区の出来事や人の様子を伝える広報紙の存在です。1975年に自治会報の第1号が発行されて以降現在に至るまで、地区の広報紙が定期的に発行されています。

（2）自治会と地区公民館による社会教育の取り組み

つづいて、1985年4月から2007年5月は自治会と地区公民館が車の両輪として、地域づくりが行われていた時期になります。自治会の発足から15年目を迎えるころ、東西町地区は世帯数300世帯、人口1000人を超える地区となっていました。それまで、新しく開発された東西町地区には地区公民館が設置されてお

図7　子ども樽神輿の様子

出典：東西町地域振興協議会（2021）『東西町創生50周年記念誌』13頁

図8　子ども会によるキャンプの様子

出典：東西町地域振興協議会（2021）『東西町創生50周年記念誌』13頁

らず、住民は隣接する天津地区の地区公民館を利用していました。そのため東西町地区に独立した地区公民館を開設することは、自治会が発足した時からの「悲願」であったといいます。そのような中、独立した地区公民館の開設を求める住民署名の陳情などの働きかけにより、１９８５年には東西町地区公民館が天津地区から独立運営する形でコミュニティセンター内に開設されることになりました。このようにして、生活に関わる取り組みを行う自治会と、生涯学習とふれあいを目的とした地区公民館が地域づくりの両輪として機能することになったといいます。

そして、１９９１年には地区公民館に常駐する専従の社会教育主事が配置されることで、地区公民館の拠点は子どもたちが気軽にいつでも立ち寄れる居場所となっていきました。現在の協議会には、地区公民館のお手伝いを行いながら子どもたちが成長していく当時の記録も残されています。また、『東西町創生50周年記念誌』にも、地区公民館の場が「地区で生まれ育った子ども達の居場所となり、ふる里づくりの核となっていった。育った子ども達が地域を支え東西町の町づくりが発展すること」がめざされたと記録されています。このように地区公民館が設置されたことで、自治会のみで地域づくりが行われていた頃には見られなかった、地区公民館の拠点を活かした子どもたちの居場所づくりが展開されていきました。

同時に、自治会の取り組みも、子ども会に留まらない活動が開始されるようになりました。１９８７年には南部町が結成した青少年育成町民会議の東西町地区会（青少年育成会）が発足し（注14）、１９８８年には青少年育成会による夏期夜間パトロールが開始されました。学校の夏期休業中に週1回から2回、夜10時から中学生の保護者も参加し地区内のパトロールを行う取り組みは、２０２２年現在も継続されています。

（注14）発足時の資料には、本会の目的は「青少年問題のもつ社会的重要性に鑑み広く東西町地区民の総意を結集し、次代をになう青少年の健全育成をはかる」とし、本会の事業は「青少年の非行防止・東西町地区の社会環境の浄化等をはかるための活動をする」と定められています。

（3）協議会の発足と地域福祉との出会い

このように、自治会と地区公民館が地域づくりの両輪として運営されるようになっていたところ、2007年6月、自治会と地区公民館を母体とする形で協議会が立ち上がったことが、東西町地区にとって大きな契機となりました。東西町地区では、町から示された自治会と地区公民館を母体とするRMOの形が、それまで地区が積み重ねてきた自治会と地区公民館を両輪とする地域づくりの形と合致していたことが、地域づくりを進めるうえでの追い風となったのです。

加えて、組織が協議会に移行したことで新しく地域コミュニティの部会に加わったのが、「福祉部」でした。既述のとおり、福祉部は町から組織の基本形として示されたなかに「ふれあい部」として含まれていた部会でした。一方、協議会の立ち上げ当初、福祉の取り組みは社会福祉協議会が行うものであるという認識があり「福祉に対する考えがあまりなかった」といいます。そのような中、社会福祉協議会の東西町地区担当職員が「支え合いマップづくり」を提案し取り組んだことなどをきっかけに、徐々に「ご近所福祉」の意識が芽生えていきました。

協議会への移行後は、行政から前述の「5点セット」の支援を受けることで、下校時の子ども見守り放送設備の設置（2010年）をはじめ放課後児童クラブやなんぶっ子夏休み塾の開始（2012年）など、より子どもや子育て世帯の必要性に応じた新たな活動が展開されるようになっています。また、2013年からは高齢者のかたが日中過ごすことのできる拠点としてコミュニティホーム西町の郷が開設されるなど、地域コミュニティの活動のなかに、地区で何らかの気遣いが必要なかたに対する福祉の活動が定着していった様子がうかがえます。

このように、現在の協議会の実践には、自治会が「子どもたちのふる里づくり」をコンセプトにかかげ、子ども会を中心に子どもの体験活動やさまざまな交流活動を積み重ねてきた土台があります。そこに、東西町地区独立の地区公民館の開設を地区住民の「悲願」として実現し、社会教育主事が常駐することで、子どもがいつでも気軽に立ち寄れる拠点と見守ってくれる人が確保された結果、地区公民館が子どもたちの居場所となっていきました。そして、自治会と地区公民館が一体となった協議会に対し、行政から「5点セット」の手厚い支援が行われることで現在の協議会の取り組みが実現しています。

つまり、東西町地区の協議会のありようは、決して行政（町）から与えられたものではなく、東西町地区の地域コミュニティがそれまで積み上げてきた活動のうえに成り立っていることが分かります。

Ⅳ　協議会の子どもを育む活動

1　協議会が行う子育て支援の内実

東西町地区の協議会では「地区の子どもは地区で育てる」という言葉をよく見聞きします。それでは、具体的にどのような形で地区の子どもを育む活動が行われているのでしょうか。その様子からは、日常に溶け込むように行われる子育て支援のありようがうかがえます。

あらためて現在協議会で行われる子育て支援の活動を整理してみると、①体験を豊かにする活動、②子どもの安全を守る活動、③子どもの居場所づくり、④気になる子どもの見守りの四つがあります。ここからは、RMOが展開する子育て支援の内実と特徴を捉えるため、具体的な活動の中身や意図について考察していきます。

今回の考察にあたっては、協議会のなかでも、とりわけ子どもたちに継続的に関わられるとともに、協議会の運営にも携わって来られたお二人のキーパーソンに、特に詳しくお話をおうかがいしました。一人目は、2010年から2020年まで協議会会長を務められた原和正さんです。原さんは1981年から自治会活動や法勝寺中学校PTA活動に関わり、東西町地区の地区公民館長、西伯小学校のCS会長なども歴任されてきました。二人目は、黒木美由紀さんです。黒木さんは１９９７年から東西町地区の地区公民館の社会教育主事を務められた後、２００７年６月に協議会が発足して以降は２０２２年現在に至るまで、協議会の事務局員として勤務されています。地区の子どもたちの様子をよくご存じです。

（１）体験を豊かにする活動

まず、豊富に行われている活動として、学校や家庭以外で行われる子どもたちの体験を豊かにする活動があります。この活動は、協議会の人づくり部に位置づく青少年育成会が主に担っています。人づくり部には青少年育成会のほかにも子供育成会と中学育成会が含まれていますが、両会は役員が年度ごとに入れ替わり流動性が高いため、実際には青少年育成会のなかの部会という位置づけにあります。

遠足、キャンプ、運動会、夏祭り、スキー教室、子ども樽神輿などのたくさんの行事に加え、２００８年から夏休み期間中に地区内３か所で実施されるラジオ体操は、地区の夏の風物詩になっています。そのほかにも、子どもたちと一緒に行われるリサイクル活動をはじめ大人の「お手伝い」を行いながら一緒に取り組む活動が東西町地区の特色です。協議会で行われるさまざまな体験のなかには、大人の「お手伝い」を行いながら学んでいくという、子どもたちを一方的に「お客さん」にしない慣習があるようです。とりわけその様子をよくうかがえるのが、リサイクル活動とかつての地区公民館で育まれていた取り組みです。

リサイクル活動について、東西町地区では年３回、地区内のリサイクル可能な物品を、子どもたちも一緒に地区内をまわりながら回収する活動を行っています。新聞紙が重く感じ、通常の収集時に出すことが困難な高齢者のかたは自宅前に置いておくことが可能です。このリサイクル活動は以前、西伯小学校のＰＴＡが資金集めのために行っていた活動ですが、「ある時期からお金にならないということでやめてしまった」といいます。そのような中、東西町地区だけは「青少年育成会などが中心になってやり続けよう」ということになり、「偶然にもリサイクルの業者のかたが、元々東西町地区におられたかた」であったことで続けることができたといいます。黒木さんは、「自分たちが高齢になったときも、こういう活動があって家の前まで取りに来てもらえれば、とても助かるなって。自分に置き換えたときに、やっぱりこれは続けたほうがいい」という思いから、他の地区では中止となったリサイクル活動を子どもたちと一緒に続けているといいます。このように、体験を豊かにするさまざまな活動において子どもたちは受け身の立場で参加するだけでなく、大人に混ざりながら役割や出番が用意され、時には「お手伝い」を担いながら活動に携わっていることが分かります。

このような「お手伝い」の慣習は、協議会になる以前の地区公民館の時代から育まれてきたもので、東西町地区では自然に行われています。この慣習の作り手の一人が黒木さんです。元々、地区公民館で社会教育主事を務められていた黒木さんは、「地区公民館に子どもが遊びに来てくれるといろんなことを手伝ってくれた」ため、「お願いしてると子どもによってはすごく高いレベルでお手伝いができる部分もあったりする」といいます。２０１１年に行われた「中国・四国・九州地区生涯学習実践研究交流会第30回記念大会」における協議会の事例発表スライド（図９）においても、地区の子どもたちが活き活きと「お手伝い」をしながら大人たちに混ざり活動を行う様子が報告されています(注15)。

また近年では、ＣＳの取り組みとしても同様の活動が行われるようになっています。既述のとおり、南部町ではすべて

（注15）各地の教育委員会と日本生涯教育学会支部が共同で主催する生涯学習・社会教育関係者の実践研究交流会です。２０１１年の同大会では、協議会が「公民館を核とする青少年の地域参画と住民協働のまちづくり――「若鮎の遡上」環境整備の共育プログラム」というタイトルで事例報告を行われていました。

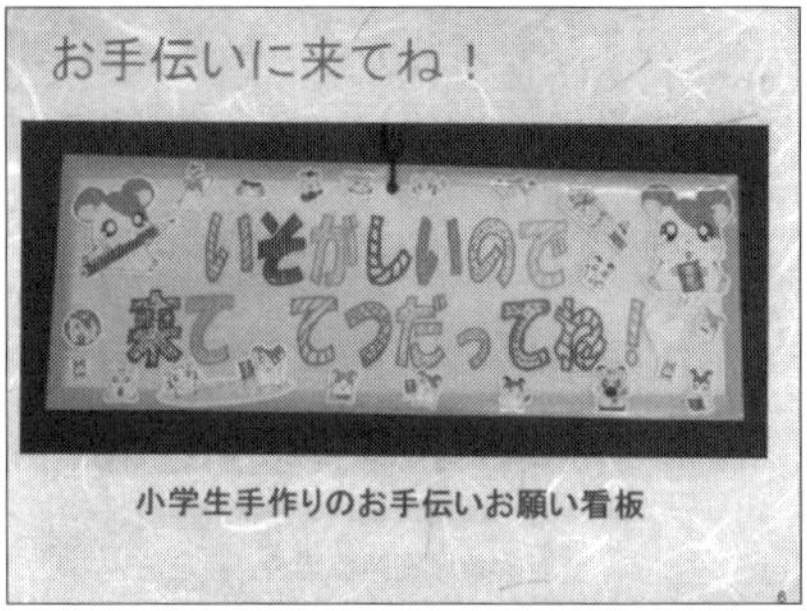

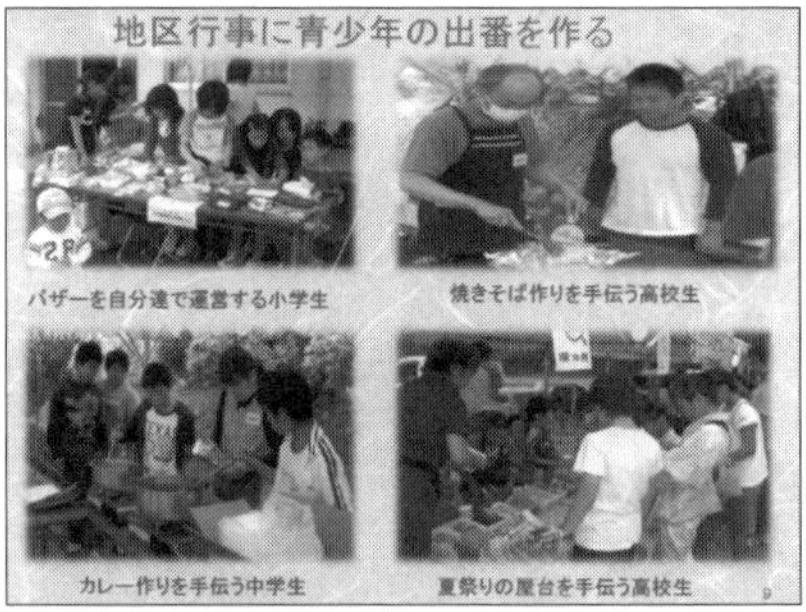

図９　協議会の事例発表スライド
出典：東西町地域振興協議会提供

の小中学校がＣＳを採用しています。また、２０１４年にはＣＳの卒業生により「高校生サークルWith you 翼」（注16）が結成され、２０１７年には高校生サークルの卒業生により「新☆青年団へん to つくり」が立ち上がりました。南部町教育委員会の社会教育主事をはじめ、南部町内の大人が活動をサポートしています。そして、このようなＣＳや社会教育の活動のパートナーとしてＲＭＯが位置づけられています（注17）。東西町地区の子どもたちが通う西伯小学校と法勝寺中学校は、それぞれ２００９年と２０１１年にＣＳの指定を受けています。その後、２０１９年には法勝寺中学校区学校運営協議会が立ち上がり、西伯小学校ＣＳは法勝寺中学校区学校運営協議会の西伯小学校部として統合されています。

　そのような中、協議会が行う活動（リサイクル活動、夏祭り、さつき祭、防災訓練など）をＣＳに提供することで、小中学生がＣＳの一環として参加できるようにするほか、高校生サークルや新☆青年団の活動に協議会がさまざまな形で協力を行う関係性があります。一方で、原さんは、ＣＳが導入される以前から協議会では子どもと関わる活動が行われており、「リサイクル活動など、ずっと前から続けていることがＣＳの活動メニューとしても取り入れられるようになっている」のが実態であるといいます。「基礎には子どもたちとずっと付き合いをしてきた関係性がある」といわれます。

近年では、以上のような体験を積み重ねて成長した高校生が、協議会が運営する放課後児童クラブやなんぶっこ夏休み塾に先生役として参加しています。このように、子どもたちが大人たちに混ざりながら役割や出番を与えられ「お手伝い」を行いながら成長していくありようは、協議会による活動の醍醐味であるようにも思われます。

⑵　子どもの安全を守る活動

つぎに、東西町地区を訪れて印象に残るのが、日常的に行われる子どもの安全を守る活動です。

東西町地区の子どもたちは、小学生は西伯小学校（全校児童約３１５人、うち東西町地区児童約40人）にバスで通学します。また、中学生は法勝寺中学校（全校生徒約１７０人、うち東西町地区生徒約25人）まで自転車通学となり、高校生は南部町内に高校がないため隣接する米子市内の高校にバスで通学しています。協議会ではこのような小中高生の日々の登下校時や、長期休業中の安全を守る活動がさまざまな形で行われています。具体的には、「登下校時の見守り」「防犯パトロール」「自転車通学路の確認」の三つがあります。

（注16）高校生サークルは、南部町子ども会育成連絡協議会（事務局：南部町教育委員会）のジュニアリーダー組織として位置づけられています。

（注17）南部町教育委員会が策定する「南部町教育振興基本計画（第Ⅱ期）」においても、教育方針の一つとして「地域振興協議会と連携しながら、青年団体を核とする町づくりや地域の課題解決に取り組みます」と明記され、町の教育施策においてもＲＭＯとの関わりが一つの柱として位置づけられている点も特徴となっています。

一つ目の登下校時の見守りについて、小学生の下校時には協議会に設置された見守り放送設備が使用され、子どもの見守りを呼びかける通称「ニコニコ定時放送」が流れると、地区の大人がバス停や通学路に立ち子どもたちの見守りを行います（**図10**）。このような登下校時の見守りの形についても、時間をかけて徐々に築かれてきたことがうかがえます。登下校時の見守りのきっかけは、元々30年ほど前から一人のかたが個人として行われていた活動が「良いこと」として引き継がれ、現在では協議会の活動として行われるようになっているといいます[注18]。また、「ニコニコ定時放送」は、南部町内で不審者による子どもへの声掛けが発生したことをきっかけに、２０１０年から協議会が独自に既存の地区内屋外放送設備を改良し放送されることになりました。これらの改良は、元々電気関連の仕事に従事されていた原さんが行われたということです。地区にいる人のスキルや技術を活かしながら地域づくりを進めている点も、協議会が取り組む地域づくりの特徴の一つです[注19]。そして東西町地区から始まったこのような放送は、現在南部町全域に広がっています。

図10　登下校時の見守りの様子

出典：東西町地域振興協議会（2021）『会報まち３月号（第164号）』

二つ目の防犯パトロールには、協議会の事務局が取り組む青パト防犯パトロール[注20]と、人づくり部の青少年育成会が取り組む夏休み夜間パトロールがあります。青パト防犯パトロールは、２００８年1月に青パトでの自主防犯パトロール実施団体の認定を受け、同年4月から青パト講習会を受講したボランティアによるパトロールが行われています。日中に地区内を巡回するほか、不審者などの情報が寄せられた場合にはその都度巡回が行われています。また、青少年育成会が取り組む夏休み夜間パトロールは、１９８８年から夏期休業中の週1回から2回、夜10時から中学生の保護者も参加しながら地区内のパトロールを行う活動で現在も継続されています。

三つ目の自転車通学路の確認は、新中学1年生を対象に東西町地区から法勝寺中学校までの通学ルートを大人が自転車で一緒に確認する活動です（**図11**）。青少年育成会が音頭をとり、地区内の自転車愛好者のかたや駐在所のミニパトカーによる先導の協力も得ながら、2015年から毎年3月下旬に行われています。地区内でも好評の活動で、2022年3月には地区の新中学生12名のうち11名が参加していました。この活動が行われるようになった背景には、青少年育成会の役員のかたが、自転車に慣れていない東西町地区の子どもたちの様子を見て「これまでどうして保護者が1人ずつ連れて行って練習させたんだろうか」という思いをもったことがきっかけとなり、青少年育成会の活動として始めることを呼びかけ「それはいいことだね」というところから始まったといいます。原さんも「そういうところは中学校もやらない、自転車教室やっ

図11　法勝寺中学校への自転車経路確認の様子
出典：東西町地域振興協議会（2021）『会報まち４月号（第165号）』

（注18）協議会では、交流と健康づくりを目的に、2019年7月から協議会が対象とする行事などに参加した場合にポイントを付与し、地域通貨と交換し行事等で利用できる「ふれあい健康づくりポイント制度」を導入しています。2020年7月からは、登下校時の子どもたちの見守りについても同ポイント制度の対象となりました。このように、協議会の他のメニューとの組み合わせが工夫されています。

（注19）相川（2022）においても、東西町地区の協議会の強みとして「多様な人が参集した〝ニュータウン〟なので、さまざまな経歴やスキルを持った住民がいることも強み」として紹介されています。

（注20）自動車に青色回転灯を装着し、地域の自主防犯パトロールを行う活動。自動車に回転灯を装備することは法令で禁止されていますが、各地域での自主防犯意識の高まりから、警察から自主防犯パトロール実施団体の認定を受けた団体は自動車への装備が認められることになりました。2004年から運用が開始されています。

たって入学して随分たってからだから。そういうところで非常にいいと思いますよね」と評価されています。このように、登下校時や夜間、学校の長期休業中など、学校と家庭以外で過ごす場所や時間の安全を守る活動が取り組みの一つであることが分かります。さらには、このような活動は、地域コミュニティの大人が日常のなかで気づいた必要性を日々の会話や会合のなかで共有しながら、各々が出来ることを提供し合う形で実現していることにも気づくことができます(注21)。

(3) 子どもの居場所づくり

つづいて行われているのは、子どもの居場所づくりです。東西町地区ではかつて地区公民館が子どもたちの居場所として機能していましたが、現在の協議会の体制のなかでは課題を抱えながら思考錯誤されている活動でもあります。協議会の活動のなかで子どもの居場所づくりにあたるのは、放課後児童クラブ（以下、児童クラブ）と「なんぶっ子夏休み塾」の取り組みです。協議会では、２０１２年4月に児童クラブを開所するとともに、同年8月には、南部町教育委員会が南部町内の小中学校の夏休み中に実施する学習支援活動（なんぶっ子夏休み塾）を東西町地区で独自に開催しています。児童クラブやなんぶっ子夏休み塾にスタッフとして関わるのは、すべて地区の大人たちです。

児童クラブの拠点はコミュニティセンターに併設する集会所で、地区内の支援員3名が2名ずつローテーションで運営されています（図12・13）。児童クラブを開所す

図13　児童クラブの拠点の様子
出典：筆者撮影（撮影日：2022年９月12日）

図12　児童クラブの拠点となる集会所
出典：筆者撮影（撮影日：2022年９月12日）

るにいたった直接のきっかけは、西伯小学校内の児童クラブ利用者数が増加するなか、20人弱の子どもが利用する東西町地区では協議会で独自に実施できないかという声掛けが南部町の子育て支援課からあったことですが、協議会では、児童クラブというよりも「子どもたちの居場所づくりを行いたい」という考えから開所するにいたったといいます。元々は地区公民館の社会教育主事であり、現在協議会の事務局員を務められる黒木さんによると、地区公民館が協議会に移行したことで、「協議会の事務所やつどい（事務所に併設されるコミュニティスペース）は地区公民館のような雰囲気ではなく、子どもとの間に距離が出来てしまった」とのことでした。その背景には、黒木さんが事務局員となり協議会の運営全般を担うようになったことで子どもたちに関われる時間が少なくなっていること、協議会の事務所はかつての地区公民館のように子どもたちが「遊べる」雰囲気の拠点になっていないことがあります。「自分たちの地域の子どもたちは自分たちで守ろう」という意識から、「誰が来てもいいよという場所をつくりたかった」と黒木さんはいいます。

以上のような経緯で開所し、２０１２年4月から行われてきた児童クラブは、平日15時から18時30分までのほか、長期休業中も開所されており、長期休業中の際には児童クラブを卒業した高校生や地区の高齢者のかたが支援員としてお手伝いされています。コロナ禍において支援員が出勤できない事態が生じても、「地域の子どもは地域で育てるという意識が根底にある」ため地区の人が声をかけ合いながらサポートし合い運営されていました。

一方で、児童クラブについては開所から10年が経過するなかで利用者数自体が減少していることや、児童クラブの拠点となる集会所には協議会のスタッフが常駐しておらず、当初想定したように集会所を常に開かれた子どもの居場所にすることが困難であるなどの理由から、２０２３年3月で閉所されることになりました。そして、児童クラブに代わり、

（注21）このような子どもの安全を守る活動について、原さんは「みんなでつくり上げたと思いますよね。屋外放送を利用して流すとか、ある程度、工夫をしてきたと思いますけれども。パトロールしたり、要所要所に立って声を掛けたり。子どもたちを守るという意識が、そういう意味でいろんな手段を捉えて、熟成してきとるんじゃないかと思います」とも語られました。

協議会の事務所に併設されるコミュニティスペースつどいを無料開放し、子どもたちがいつでも立ち寄ることのできる常設型の居場所づくりや子ども食堂の取り組みが、新しく始められようとしています（**図14**）。このように形を変えながらも、子どもたちに家や学校とは異なる第三の居場所を地区内で提供することは、協議会が地区公民館の時代から継続的に行う活動の一つとなっています。

（4）気になる子どもの見守り

最後に、協議会で行われているのは、気になる子どもの見守りです。「気になる子ども」とは、保護者が十分に関わり合うことができず心にすき間がある子ども、学校に行きづらいという悩みを抱える子ども、放課後や長期休業などに見守ってくれる大人が身近にいない子ども、人との関係性を築くことが苦手な子どもなど、専門機関や専門職による子育て支援の主な対象にはならないものの、何らかの困難を抱えている子どもたちです。東西町地区では、このような気になる子どもたちを協議会の大人が学校ともつながりを持ちながら見守りを行っているエピソードが数多くあります。

図14　新しく拠点となるつどい

出典：筆者撮影（撮影日：2022年９月13日）

一つ目に、協議会のスタッフが常駐する事務所には「なにか学校や家で嫌なことがあったのかなというような時に、ふっと来る子どもがいる」といいます。このようにして協議会の事務所に立ち寄る子どもは、たわいない話をして帰り、そのような時、協議会のスタッフは取り立てて問いただすことなく接しますが、このようなたわいない関わりを強くしていきたいと考えられています。実際、黒木さんは「困ったことがあったらいつでもここ（協議会の事務所）に来なよ」と子どもたちに声をかけられています。一方で、このような子どもたちとの関わりは、地区公民館で社会教育主事として務められていた頃のほうが多かったともいいます。協議会になり、子どもたちとの関わりが少なくなっていることは課題として認識されています。

二つ目に、既述した登下校時の見守りは、子どもの安全を守るという側面だけではなく、気になる子どもの見守りを行うという側面も持ち合わせています。登下校時の見守りの際には、見守りを行う大人に近寄り、話を聞いてほしそうにする子どもがおり、そのような子どもの話をじっくり聞くという関わりが日常的に行われています。また、通学時のバスを一便遅らせ、他の子どもたちと一緒に乗車できない子どもの状況を見て、西伯小学校の教員に様子を聞いてみると事情が分かり、状況が自然と解消されるようになったというエピソードもありました。このように、東西町地区では気になる子どもに対して「みんなが気に留める」、そして気がかりなことについては学校に「ちょっと聞いてみようというルートがある」といいます。

以上のように、気になる子どもの見守りに関しては、「何も問題を抱えていない子どもに細かく声をかけることは別に必要ない」という認識のもと、「距離感を保つことも大切」にされていますが、「何かの時には相談をしてもらいたい」という考えがあります。また、家庭環境が複雑な子どもや「心配だなという」子どもたちについて、常に気にかけている状況があります。そして、児童クラブや青少年育成会の活動など、絶えず協議会の活動を通じた子どもとの関わりがあるため、一人一人の子どもの大よその環境を「わざわざ聞き取りしなくても」分かっているという背景が、自然な関わりを生み出すポイントのようです。

このような地域コミュニティと子どもたちの関わりは、あくまでも「見守り」と表現することが適切であるようです。協議会では、何らかの深刻な課題を抱え公的な支援を必要としている場合には、南部町の専門機関や社会福祉協議会の支援に「つなぐ」という認識があります。一方、深刻な状態には至らない子どもたちを日常的に気にかけることができる状況にあり、そのような心がけが「見張り」ではなく「見守り」となる背景には、子どもたちとの日常的な関係性があることがうかがえました。

これまで述べたように、協議会では地区のすべての子どもたちの育ちを支える活動を行いながらも、同時に「気になる子ども」に対するアンテナをもつことで、「わざわざ聞き取りする」必要はない、一人一人の子どもたちに寄りそう「見守り」が行われています。さまざまな形で関わる子どもたちとの関係について、原さんは「基本は大きくいい意味で育って、できれば地域のことを忘れないでねという思いがある」といいます。また黒木さんは「地域が好きなので、子どもにも地域を好きになってほしい、大きくなったら帰ってきてほしい、ちゃんとこの地域を守ってほしいっていうのがある」といいます。つまり、RMOの大人と子どもとの関わりの根っこには、「できれば地域を忘れないでほしい」「地域を守ってほしい」という考えがあるということもインタビューからはうかがえました。また、そのためにさまざまな体験や関わりを子どもたちのなかに積み上げていくのだという考えも語られます。このようにして、専門機関の専門職ではない、地域コミュニティの大人だからこそ可能な関わりが実現しているともいえるでしょう。子どもを取り巻くさまざまな困難が表出するなか、このような地域コミュニティの大人の存在がとりわけ求められているのです。

2 「協議会で子どもを育む」ための工夫

もちろん、これまで述べてきた協議会の活動に地域コミュニティのすべての大人が参加し、直接地区の子どもたちと関わっているわけではありません。そのため、読者のみなさんのなかには「地区の子どもを地区で育てる」と言っても、実際に子どもたちの活動に携わっているのは地域コミュニティの一部の大人だけではないかという疑問を持たれるかたもおられるかもしれません。一方で、このような疑問に対し、協議会では子どもを育む活動を地域コミュニティの一部の大人に留めるのではなく、地区の活動として高めるための取り組みが行われています。ここでは、「地区の子どもを地区で育てる」という合言葉を下支えするものとして欠かすことのできない工夫について確認します。

一つ目の工夫は、地区の子どもたちのことについて、日常的な会話や会合のなかで話し合いながら活動を進めていることです。協議会では、活動を進めるうえで「熟議」を意識されているといいますが(注22)、子どもたちを取り巻く出来事や気づきに関しても、日常的に協議会の事務所に持ち込まれ話題にあがるだけでなく、町づくり部、人づくり部、福祉部の各部会や運営委員会で議題にされながら、既述した子どもたちに関する活動が行われています。例えば、「子どもの安全を守る活動」の一つである自転車通学路を確認する活動については、青少年育成会の役員のかたの気づきが人づくり部の会合に持ち込まれ、「それはいいことだね」という共感を得て、現在では中学生の子どもをもつ保護者からも好評を得る東西町地区の春の風物詩になっています。自転車通学路の確認の活動だけでなく、これまで確認してきた協議会が行う活動のすべては、外部から与えられたり強制されたものでもなければ、一部の人が独断的に進めてきたものでもありません。一人の人の気づきが、日々の話し合いのなかで共感を得て地域コミュニティのなかで積み上げられてきたものです。このように、協議会では地区の子どもたちのことについて、日常的な会話や会合のなかで話し合いながら活動を進めていくというプロセスが根付いているため、たとえ子どもたちの活動に直接関わっていない人であっても地区の子どもの様子や協議会で行われている活動の状況を「知っている」という状況にあります。具体的な活動だけでなく、活動がどのように進められてきたのかというプロセスにも注目する必要があります。

二つ目は、子どもたちの様子を地区住民に共有する仕組みとして広報紙を活用していることです。協議会のかたが「一番気をつけている」ともいわれるのが、この広報紙でもあります。協議会では、東西町地区の住民に地区の状況を共有することが大切にされており、なかでも、広報紙は１９７５年に自治会報の第１号が発行されて以降現在に至るまで、

（注22）筆者の一人が協議会の話し合いの場に参加した際には、参加者の全員が各々の立場で発言を行い進められていたことも印象的でした。

地区の様子を伝える方法として活用されています。広報紙では、常に「何をやってい て、こういうことをめざそうかということ」を意識して作成されているといいます。２０２２年12月現在、協議会では毎月発行される会報「まち」がこれに該当します。東西町地区の日々がＡ４サイズ、４ページにわたり紙面に記録され全世帯へ配布されるとともに、地区内の拠点で掲示されるほか、南部町のホームページにも欠かさずアップロードされており南部町外からも確認することができます（**図15・16**）(注23)。なお、広報紙には、協議会の月行事やゴミ収集の情報も掲載することで、誰もに「必要とされる」内容となるよう工夫されています。

そして、このような広報紙には子どもたちの様子も頻繁に記載されており、これまで本書で確認してきた子どもたちに関する活動のすべてがその都度掲載されています。そのほかにも、例えばある月の広報紙では、協議会の行事である夏祭りに向け中学生が低年齢の子どもに向けたお化け屋敷を企画する様子が掲載されるとともに、地区の高齢者のかたと子どもの間で生じた心温まるエピソードが紹介されていました（**図17**）。また、子どもたちへの注意を呼びかける記事が掲載されることもあります。このように、子どもたちの様子を共有する広報紙の存在は、子どもの活動を直接関わる一部の人だけに留めることなく、地域コミュニティの活動として高めることに役立っています。

図15　集会所で掲示される広報紙

出典：筆者撮影（撮影日：2022年９月12日）

図16　つどいで掲示される広報紙

出典：筆者撮影（撮影日：2022年９月13日）

Ⅴ　ＲＭＯによる子どもの地域福祉のかたち

１　地域コミュニティによる子育て支援の特徴

冒頭で述べたとおり、近年、子どもを取り巻くさまざまな困難が着目され、子育て支援の施策が行われるようになっています。一方で、公的な専門機関やＮＰＯなどのボランタリーな活動による子育て支援は、こぼれ落ちてしまう「すき間の子ども」を生み出してしまうという問題を抱えています。また、このように「困難を抱えた子どもの支援」とい

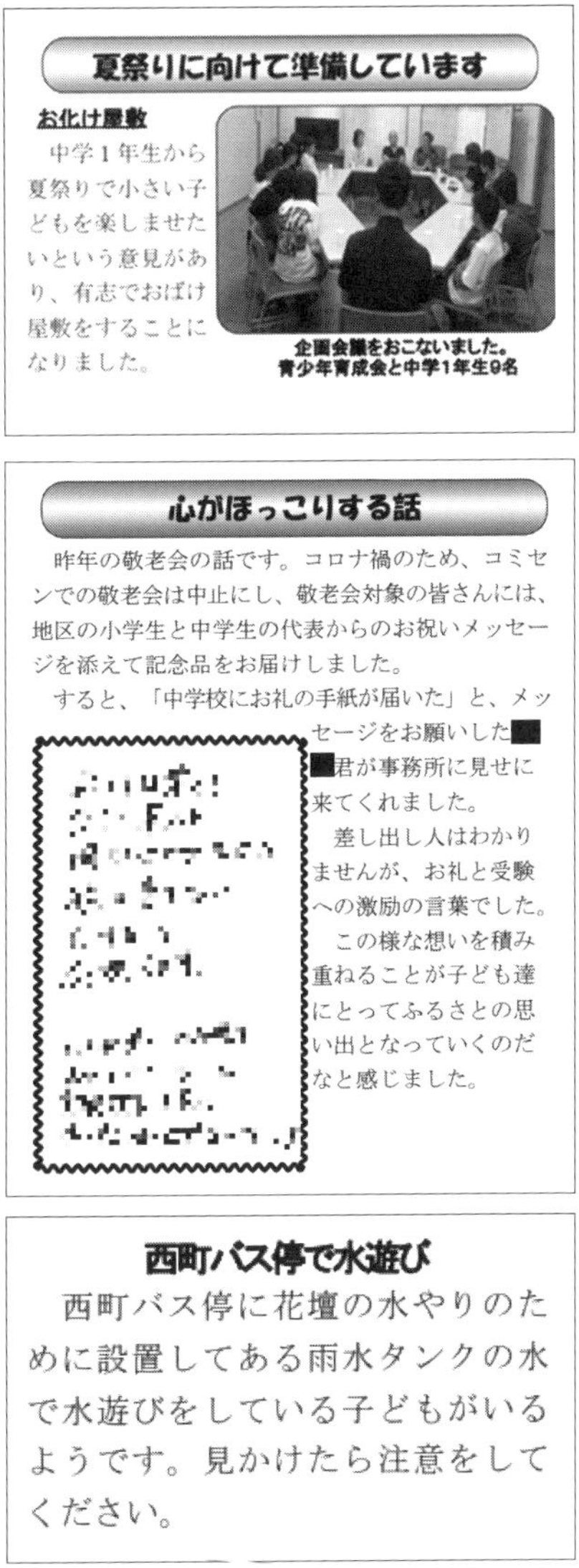

夏祭りに向けて準備しています

お化け屋敷

中学１年生から夏祭りで小さい子どもを楽しませたいという意見があり、有志でおばけ屋敷をすることになりました。

企画会議をおこないました。青少年育成会と中学1年生9名

心がほっこりする話

昨年の敬老会の話です。コロナ禍のため、コミセンでの敬老会は中止にし、敬老会対象の皆さんには、地区の小学生と中学生の代表からのお祝いメッセージを添えて記念品をお届けしました。

すると、「中学校にお礼の手紙が届いた」と、メッセージをお願いした[redacted]君が事務所に見せに来てくれました。

差し出し人はわかりませんが、お礼と受験への激励の言葉でした。

この様な想いを積み重ねることが子ども達にとってふるさとの思い出となっていくのだなと感じました。

西町バス停で水遊び

西町バス停に花壇の水やりのために設置してある雨水タンクの水で水遊びをしている子どもがいるようです。見かけたら注意をしてください。

図17　子どもたちの様子を紹介する広報紙の記事

出典：上から東西町地域振興協議会(2019)『会報まち８月号（第145号）』(2021)『会報まち３月号（第164号）』(2020)『会報まち11月号（第160号）』

（注23）南部町サイト「東西町地域振興協議会　会報「まち」毎月発行」
https://www.town.nanbu.tottori.jp/admin/kikakuseisakuka/11/2/3/（最終閲覧日：２０２３年３月20日）

う視点のもとでは、地域コミュニティはあくまでも行政による施策の協力者や支援者としての位置づけにあり、その主体性が尊重されてきたとは言い難い状況にありました。その背景には、地域コミュニティの活動は子どもたちの困難を直接的に解決するものではないことや、地域コミュニティ自体が担い手不足などの課題を抱えることなどもあることは否定できません。一方で、子どもたちが生活する場は紛れもなく地域コミュニティであり、そこでの大人や異年齢の子どもなどさまざまな他者との関わりは子どもの育ちに大きな影響を与えます。そこで本書では「子どもの地域福祉」という視座を取り入れることで、地域コミュニティが主体的に行う子どもを育む活動に着目し、地域コミュニティのなかから立ち現れる取り組みを描くことをめざしました。

東西町地区の協議会が行う子育て支援の活動は、これまでの施策のなかでは見過ごされてきた地域コミュニティの営みです。日常に溶け込みながら行われる活動は、地域の子どもたちに対し何か特別な意図をもって「支援」を行っているわけではありません。そのため、子どもを取り巻く困難な状況を「支援する」という視点から見ていると見過ごされてしまう活動でもあります。実際、協議会のかたとお話をするなかでは、子どもを「支援する」という言葉が使われることはなく、「支援をしているという感覚はない」といいます。このように、「子どもを取り巻く困難な状況」や「支援を必要とする子ども」というものの見方は制度の側から生み出される視点であり、地域コミュニティの側に埋め込まれているのは「困難を抱えた子どもの支援」ではなく「地域の子どもとしての関わり」であるということが分かります。

2　子どもの地域福祉を可能にする方法

東西町地区では、１９７１年に子育て世帯の入居により8戸から自治会が発足して以来、約50年の年月をかけて「地区の子どもは地区で育てる」という現在の地域づくりのかたちが構築されてきました。そのような東西町地区の実践は、子どもの地域福祉の営みを一からどのように育んでいけるのかを考えるための示唆を与えてくれます。ここでは、これまでの内容をふまえてＲＭＯによる子どもの地域福祉の内実について整理していきます。

図18は本書で確認してきた①体験を豊かにする活動、②安全を守る活動、③居場所づくり、④気になる子どもの見守りが、どのように積み上げられてきたのかを時系列で示したものです。①体験を豊かにする活動は、自治会発足時のコンセプトである「住みよい町・子どもたちのふる里づくり」を具現化するものとして進められた後、地区公民館の開設にともない社会教育の活動としても強化されてきました。四つの取り組みのなかでも、最も初期の段階から行われてき

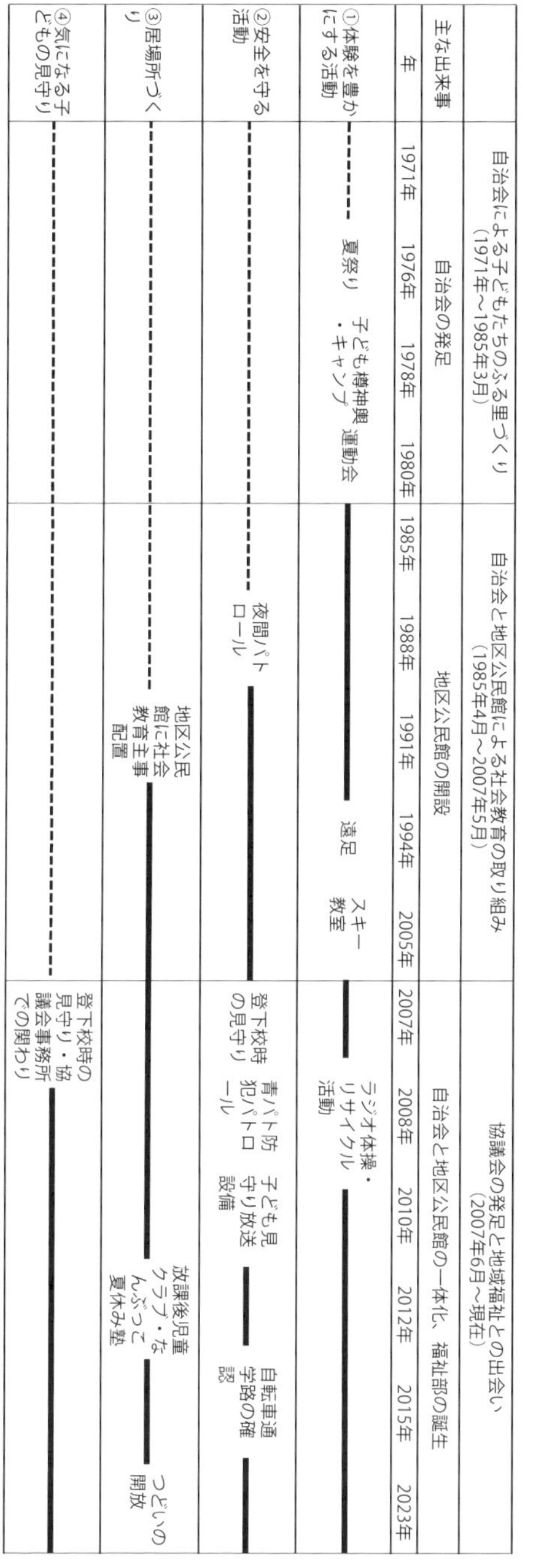

図18　東西町地区における子どもを育む活動のプロセス

出典：筆者作成

た活動です。一方、②安全を守る活動は、①が蓄積されてきた１９８０年代から行われてきました。そして、協議会への移行後は活動メニューが増えている取り組みでもあります。一方で、③居場所づくりは、地区公民館に常勤の社会教育主事が配置されたことを契機に生じた活動です。このように①②が主に自治会のなかで積み上げられ、③が地区公民館の活動として育まれてきたなかで、自治会と地区公民館を母体とする協議会が発足しました。同時に、地域コミュニティの組織に着目すると、協議会が自治会と地区公民館をただ単に一体化したものではないことが明らかなのは、新しく「福祉部」が導入された点にあります。自治会と地区公民館の時代から東西町地区では①②③の子どもを育む活動が行われてきましたが、協議会の組織に福祉部が導入されることで、地域コミュニティに、気遣いを必要とするかたに対する配慮を行う福祉活動が定着していきました。Ⅲ章４節で述べたとおり、福祉は社会福祉協議会が行うものという認識があり「福祉に対する考えがあまりなかった」状態から、コミュニティホーム西町の郷の運営や「支え合いマップづくり」による配慮を必要とするかたを把握する取り組みなど、地区で気遣いを必要とするかたへの配慮を行う活動が組織的に行われるようになり、その一つが④気になる子どもの見守りでした。ここに、ＲＭＯと子どもの地域福祉の出会いが見て取れます。加えて大切なのは、①②③の活動の土台のうえに④が生み出されたということで、④のみを切り出してＲＭＯによる子どもの地域福祉を論じることできないという点です。地域コミュニティで積み上げられてきた活動の実績と、ＲＭＯの組織の変化、そして地域コミュニティで子どもを育むという考えに後押しされた一つ一つのプロセスを読み解くことで初めて、ＲＭＯによる子どもの地域福祉を論じることができるのです。

日本における地域福祉論の礎を築いた岡村重夫は、地域福祉の基盤としてコミュニティを位置づけるとともに、多数の地域住民に共通の関心や問題意識にしたがい成立する一般的な「地域コミュニティ」と、地域における少数者の問題や要求に応じる「福祉コミュニティ」を分けて提示しました。そして、地域コミュニティの下位コミュニティとして福祉コミュニティが存在し、両者のあいだは密接な協力関係にあることが望ましいと指摘します（岡村、１９７４）。この指摘をもとに、**図19**は東西町地区の実践からRMOによる子どもの地域福祉の内実を模式的に表したものです。

東西町地区では、学校と家庭以外で子どもたちを受け止める器としてRMOが存在しています。そして、子どもを育む活動を具体的に整理すると、地域コミュニティではすべての子どもを対象に、学校や家庭だけでは担いきれない「①体験を豊かにする活動」、登下校時や長期休業中の「②安全を守る活動」、放課後や長期休業に過ごすことのできる「③居場所づくり」が行われ、福祉コミュニティでは保護者が十分に関わり合うことができず心にすき間を抱える子ども、学校に行きづらいという悩みを抱える子どもなど「④気になる子どもの見守り」が行われています。

RMOでは、特別な意図をもって地域の子どもたちに対し「支援」を行っているわけではありませんが、子どもたちと関わる活動を行うなかで育まれる日常的な子どもとの関係性を土台に福祉コミュニティが生まれ、気になる子どもの見守りが自然な形で行われています。この自然な関わりの背景には、地域の一人一人の子どもの大よその環境を「わざわざ聞き取りしなくても」分かっているという状況

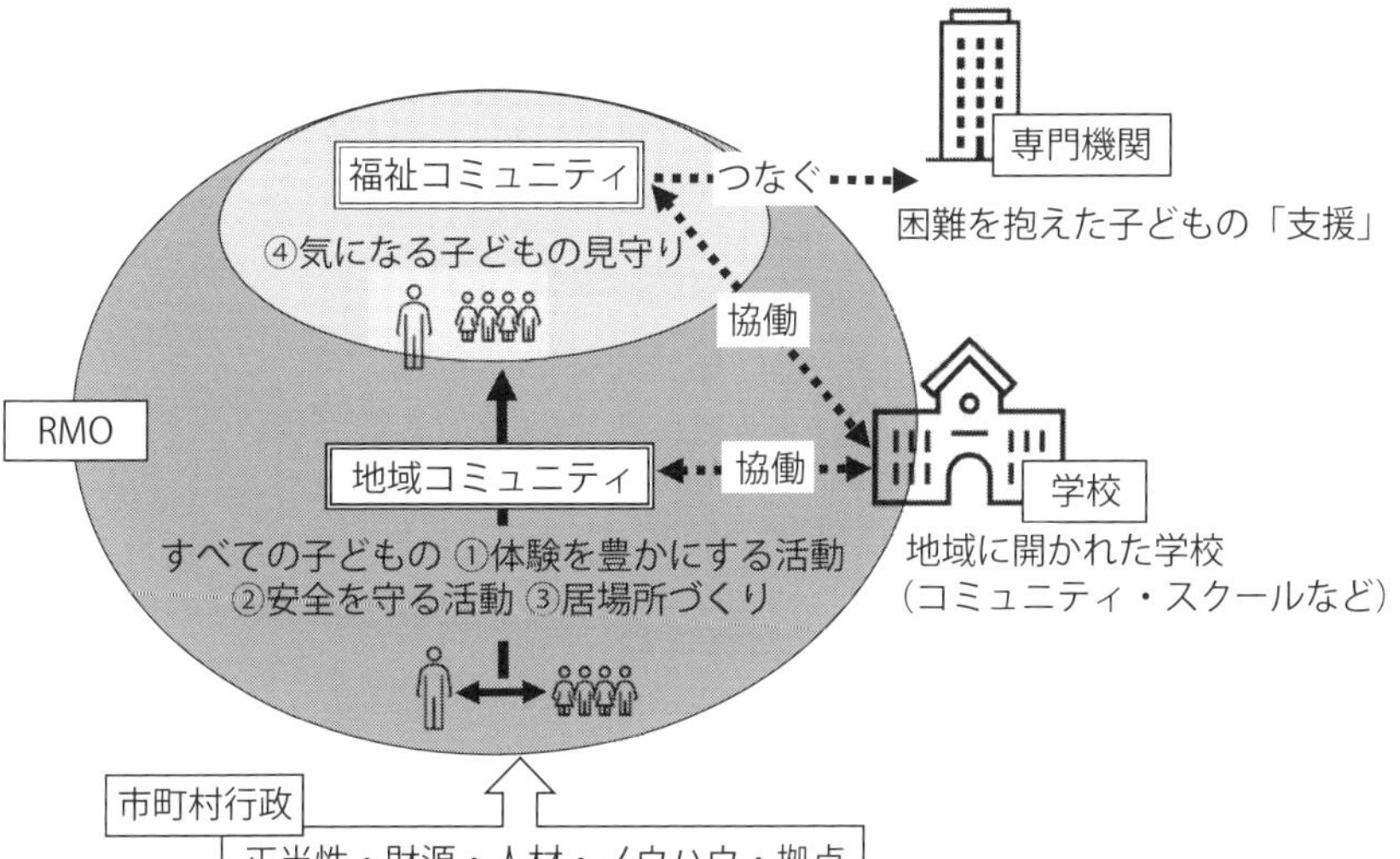

図19　RMOによる子どもの地域福祉のかたち

出典：筆者作成

を生み出している、①②③の活動を通じた子どもとの関わりがあります。

近年、子どもの福祉や子育て支援が着目されるなかで、公的な専門機関による取り組みはその支援が行き届く子どもが限られ、制度が行き届く子どもはすべての子どものごく一部であることが指摘されています。一方ＲＭＯの大人は、そのような専門機関からこぼれ落ちる「気になる子ども」を含めた子どもとの関わりを得ていました。「気になる子ども」とは、親が十分に関わり合うことができずに心にすき間がある子ども、学校に行きづらいという悩みを抱える子ども、放課後や長期休業などの期間に見守ってくれる大人が身近にいない子ども、人との関係を築くことが苦手な子どもなど、専門機関の支援の主な対象ではないものの、健やかな成長・発達に何らかの困難を抱えている子どもたちです。このような子どもは、本人の困難に気付いてくれるアンテナをもつ大人が身近な地域コミュニティにいることで、専門機関による「要支援」の状態に陥ることなく成長していくことが可能となりますが、適切な関わりを得ることができなければ、要支援の状態に至る可能性が高い状況にあります。東西町地区のＲＭＯでは、このような「気になる子ども」の状態に細やかに気付き、見守り寄り添う関わりが自然なかたちで行われています。子どもを取り巻く困難が深刻な状況にあるなか、東西町地区の取り組みからは、地域コミュニティが福祉コミュニティを内包することで子どもたちの身近なセーフティネットとして機能している様子をうかがい知ることができます。一方、繰り返すように、留意しなければならないのは、そのような福祉コミュニティの機能は、地域コミュニティにおける日常的な子どもたちとの関わりのうえに実現しているという点です。

また、東西町地区の事例からは、ＲＭＯと専門機関および学校との新しい関係性についても学ぶことができます。

まず、ＲＭＯと子育て支援の専門機関との関係性を見てみると、ＲＭＯにとって専門機関は、「④気になる子どもの見守り」を行うなかで気づく、深刻な課題を抱えたり公的な支援を必要としている子どもを「つなぐ」先となっています。そのような子どもに気づいた際、ＲＭＯの大人は市町村行政や社会福祉協議会などの専門機関の窓口を訪れ必要な支援を求めます。そして、このような働きかけは、専門機関から求められて行うものではなくＲＭＯが自発的に行う活動です。このように、ＲＭＯは市町村行政による子育て支援の協力者や支援者ではなく、あくまでも地区の子どもを地区で育む「主体」なのです。

つづいて、学校との関係を見てみると、専門機関とは異なる関係性があります。ＲＭＯにとって学校は、地域コミュニティと福祉コミュニティで行われる子どもの活動の一部を協働で行うパートナーとして位置付けることができます。その背景には、南部町ではＣＳや社会教育のパートナーとしてＲＭＯが南部町教育委員会の長期計画（南部町教育振興基本計画（第Ⅱ期））において正式に位置づけられ、学校が地域コミュニティに開かれていることがあります。つまり、ＣＳに代表されるように、学校が地域コミュニティに開かれた取り組みを推進している場合には、ＲＭＯの子どもに関する活動が学校の取り組みとしても自然に「掛け合わせる」ことが可能となります。東西町地区の場合、「①体験を豊かにする活動」のリサイクル活動や夏祭りをＣＳのメニューとして提供することで、地区の小中学生が地域コミュニティの活動に参加しやすくなっています。また、このようなＣＳの取り組みを通じた学校との関係性をもとに、「④気になる子どもの見守り」を通じて気になった子どもについて学校に「ちょっと聞いてみようというルート」が構築されています。このように、学校は地区の子どもを地区で育てるために不可欠な協働先といえるでしょう。

３　子どもの地域福祉と農村

子育て環境として地域コミュニティの重要性が認識されつつも、子育てが地域コミュニティにより共同で営まれなくなった環境のなかでは、その役割を一から構築していくことは容易ではないかもしれません。子育て支援のなかで地域コミュニティの主体的な取り組みが着目されない背景には、このような地域コミュニティに期待をかけることは困難だという認識もあります。一方で、東西町地区では、地域の子どもに関わる人や組織ができることを提供し合いながら取り組むことで、そのような困難を乗り越えている様子がうかがえました。ＲＭＯによる子どもの地域福祉の背景には、子どもたちに関わる人や組織が「一緒に取り組む」というよりも、各々ができることを「提供し合う」という実態があり、組織や人のできることを活かすという視点が不可欠であることが分かります。

加えて東西町地区では、子どもたちの出来事を「共有し合う」仕組みが取り入れられていました。岡村重夫は福祉コミュニティの重要な機能の一つとして、コミュニケーションを位置づけています（岡村、１９７４）。コミュニケーションは「コミュニティ構成員のあいだで、共通の価値観や共通理解の範囲をひろげてゆく過程」とされ、口頭によるコミュニケーションだけでなく、記録し、文章化することで文字によるコミュニケーションに発展させる必要性が強調されています。Ⅳ章２節で述べたとおり東西町地区では、この口頭と文字の双方によるコミュニケーションが会合などでの「熟議」や広報紙の活用により意識的に取り入れられていました。

本書では、東西町地区の実践から、ＲＭＯが子どもの地域福祉をどのように展開しているのか、その内実と特徴について確認してきました。東西町地区では、学校と家庭以外で子どもたちを受け止める地域コミュニティとしてＲＭＯが存在し、すべての子どもの「①体験を豊かにする活動」「②子どもの安全を守る活動」「③子どもの居場所づくり」の一般的な地域コミュニティの土台のうえに、「④気になる子どもの見守り」を担う福祉コミュニティを築いています。そして、このように重層的に行われる子どもの地域福祉の取り組みのなかで成長した地区の子どもたちが、現在では、ＲＭＯによる子どもの地域福祉やそれ以外の活動の担い手になっているという事実も見過ごすことができません。

そして、このような東西町地区の実態から読み解くことができる子どもの地域福祉のありようは、今日の農村に対しても大切な視点を与えます。かつて農村は、過疎問題が生じた高度経済成長期に子どもたちを「わが子は都会へ」と送り出しました。その結果、「自分のムラよりも都会の方が優れている」という価値認識が生まれ、それがさらに子どもを都会に押し出す力になったと言われています。しかし社会が変化し、田園回帰の潮流の中で子育て世帯の移住者を受け入れる農村や山村留学や高校魅力化などで子どもを受け入れる農村は、少子化が進行する中においても増えています。

このような状況の中、改めて地域コミュニティが子どもを育む取り組みに目を向けて、地域づくりを進めていく必要があります。子どもの数が減少する中においても、一人一人の子どもに地域コミュニティが向き合うことは、子どもの人数の多少にかかわらず求められていると言えるでしょう。そのための一歩が、「できることを提供し合う」ことと「出来事を共有し合う」ことに集約されているのです。1970年代に新たに創られた東西町地区のプロセスを見てみると、決して他地域にとって困難な取り組みを行っているのではなく、むしろ全国の農村にあるRMOにおいても、その一部はすでに行われている取り組みであることが分かります。

「子どもの地域福祉」は決して難しいことではありません。地域コミュニティが「できることを提供し合う」ことと「出来事を共有し合う」ことを意識して、日常の地域づくりの中に組み込んでいくことができるものです。そのことが、気になる子どもの見守りを含めた「子どもの地域福祉」を創り上げることになり、必要に応じて適切な専門機関の支援につなぐことが可能になるのです。

そしてもう一つ、農村の地域コミュニティが「子どもの地域福祉」に取り組むことには、重要な意義があります。それはⅡ章3節で述べた遠くなった学校との関係づくりです。政策的な意味での地域コミュニティは1970年代の第一次コミュニティブームの時代から「住民のコンセンサスと連帯意識が成立しやすい地域として小学校区を単位として成立する」とされてきました（筒井・小関、2023）。それは2000年代以降のRMOの設立においても踏襲されていますが、その一方で、学校そのものが統合し、子どもたちと学校と地域コミュニティ、三者相互の距離が遠くなっています。そのため三者の距離を縮める役割が、特に（旧）小学校区を基盤に設立されていることの多いRMOに期待されます。南部町のような制度によるCSがない地域においても、東西町地区の取り組みからは子どもと学校とRMOの関係づくりのヒントを得ることができるでしょう。このようにRMOによる子どもの地域福祉には、多くの期待が込められています。

２０２３年４月からはこども家庭庁の創設にともない、子どもを取り巻く困難の実態と対応する専門機関の必要性、そしてボランタリー活動の取り組みがいっそう着目されつつあります。その一方で、地域コミュニティが主体となる取り組みは忘れられがちです。しかし本書を通して強調してきたとおり、子どもの日常に地域コミュニティは必要不可欠です。そのことを改めて確認して本書を終えたいと思います。

付記
本書の作成にあたりご協力いただいた東西町地域振興協議会の皆様、南部町の関係者の皆様には心よりお礼申し上げます。本書の一部はＪＳＰＳ科研費（若手研究「小地域を基盤とした子育て支援活動のプラットフォーム機能に関する研究」課題番号：１９Ｋ１３９７４／研究代表者：東根ちよ）の研究成果に基づいています。

参考文献

相川康子（２０２２）「事例２　住民の能力を引き出し、地域の課題に事業でこたえる――鳥取県南部町東西町地域振興協議会」中川幾郎編著『地域自治のしくみづくり――実践ハンドブック』学芸出版社、１４１－１４８。

阿部彩（２００８）『子どもの貧困――日本の不公平を考える』岩波書店。

岡村重夫（１９７４）『地域福祉論』光生館。

小田切徳美（２００９）『農山村再生――「限界集落」問題を超えて』岩波書店。

木村仁（１９７０）「コミュニティ対策――新しい近隣社会の創造」『地方自治』２７５、10－21。

澁谷智子（２０１８）『ヤングケアラー――介護を担う子ども・若者の現実』中央公論新社。

筒井一伸（2023）「地域運営組織と新しいコミュニティ――期待される機能と担い手の射程」『日本地域政策研究』30、92－97。

筒井一伸・小関久恵（2023）「農山村におけるコミュニティブームと地域運営組織の再編過程――山形県庄内地方の事例から」『E-journal GEO』18（1）、1－21。

毎日新聞取材班（2021）『ヤングケアラー――介護する子どもたち』毎日新聞出版。

箕浦康子（1985）「山村における子どもの生活――岡山県吉備高原における事例」岩田慶治編著『子ども文化の原像――文化人類学的視点から』日本放送出版協会、672－702。

村上靖彦編著（2021）『すき間の子ども、すき間の支援――一人ひとりの「語り」と経験の可視化』明石書店。

森尾晴香（2002）「昭和戦前期におけるムラの子育て――群馬県北橘村大字下南室「農繁託児所」を事例として」『農村生活研究』46（3）、24－31。

山浦陽一（2017a）「地域福祉型の地域運営組織の展開と支援体制――定点観測（5－1）」『農業研究』30、289－312。

山浦陽一（2017b）『地域運営組織の課題と模索』筑波書房。

山浦陽一（2022）『地域福祉における地域運営組織との連携』筑波書房。

山野則子（2018）「子ども家庭福祉から見た「我が事・丸ごと」地域共生社会――学校プラットフォームの可能性」『ソーシャルワーク研究』44（1）、36－43。

〈私の読み方〉子ども地域福祉と地域運営組織の関係

山浦　陽一

1　はじめに

筆者に与えられた役割は、本書の特徴や意義を解説することである。本文と重複する部分もあるが、まずは本書の内容を筆者なりに整理した上で、改めて東西町地区の性格を確認し、最新のデータに基づきＲＭＯによる子ども関連の活動の全国的な動向、ＲＭＯにとっての子ども地域福祉の意味、そして研究者とＲＭＯの関係を整理することで、役割に代えたい。

2　本書が示したＲＭＯの役割

「異次元の少子化対策」、こども家庭庁の設置など、にわかに子どもを取り巻く環境に関心が高まり、政策も拡充されつつある。それ自体は歓迎すべきことだが、子どもを支える家庭、学校、児相、社協、ＮＰＯなどだけではもれ落ちてしまう子どもがおり、その隙間を埋めるのがＲＭＯである、というのが本書の主張である。隙間が生じる理由は、家庭や学校、旧来の地域コミュニティの機能縮小に加え、関係者が困難を抱える子どもをどう支援するか、という視点で事業、取り組みを行っているためである。児相やＮＰＯは、より深刻なケースに対し専門性の高い支援を行うが、であるがゆえに深刻化する前の予防的な取り組みは手薄で、また日常的なコミュニケーションの中で早期に異変を察知する機能も弱い。置かれている状況を問わず、社会、地域の一員として支え合う地域福祉の視点が重要であり、その担い手として

ＲＭＯがふさわしいことを本書は明らかにしている。

事例として取り上げた東西町地区では、子どもに対して体験プログラムの提供、安全・安心な環境の整備、居場所づくり、見守りの４つの活動を行う。対象を限定せず、安全パトロールの中で見守りを行うなど活動が相互に連動し、広報紙を通じて活動や子どもたちの様子を周知するなど、ＲＭＯらしく活動している。「自治会時代」に体験プログラムの提供、「公民館時代」に安全・安心な環境の整備と居場所づくりが始まっていたが、ＲＭＯになりそれらの活動をさらに強化、充実させた。さらにＲＭＯとして福祉分野に取り組むようになり、気になる子どもの見守りも意識されるようになる。一定の財源、拠点施設、地域内外のネットワークを持ち、総合的、持続的に地域課題に取り組むＲＭＯと、子どもの地域福祉の相性の良さを示している。子ども政策が注目される今、政策が十分目配りできていない視点を示し、その隙間を埋める主体としてＲＭＯに着目し、具体的な事例からポイントを示した点で、時宜にかなった、価値ある論文と言える。

さらに言えば、本書が示した子ども地域福祉におけるＲＭＯの役割は、他分野にも応用できる。高齢者福祉、防災、農業、環境など、当事者と行政、専門機関に隙間が生じている分野は少なくない。近年では、例えば教育分野では地域学校協働活動推進員、高齢者福祉では介護保険制度における生活支援コーディネーター、農業関係では農地利用最適化推進委員、集落運営全般については集落支援員など、その隙間を埋めるための人材を配置する政策も整備されつつある。しかしそれらの人材も、当事者と既存の専門機関や活動をつなぐことはできても、新しい組織を立ち上げたり、プログラムを開発することには苦戦しているケースが多い。地域課題を共有し、メンバーを集め、財源や拠点を確保し、事業を開始、持続させるには、ＲＭＯが有効であり、ＲＭＯがあることで各種のコーディネーターも本来の役割を発揮できる。子ども地域福祉に限らず、地域再生のプラットフォームとして、ＲＭＯが有効であることを本書は示しているといえる。

3　東西町地区の性格

本文でも言及されているが、東西町地区は一般のＲＭＯとはやや異なる性格を持っており、その点を改めて確認したい。まず南部町は、管内のＲＭＯに対して1組織当たり年間７００～８００万円の財政的支援を行い、さらに事務や会計をサポートするスタッフを配置するなど、かなり充実した支援を行っている。総務省の２０２１年度調査では、７５０万円以上の収入がある組織は全体の21・１％にとどまる。この収入には会費や事業収入、寄付金なども含むため、市町村から７００～８００万円という支援を受けられる組織は決して多くはない。特に事務局員が２人配置できる人件費の存在が大きい。このような手厚い支援を受けることで、子どもの居場所の常設などの直接的な事業に加え、日頃のコミュニケーションや内外のネットワークの強化などが可能になっていると考えられる。

ただそれは南部町内のＲＭＯに共通の条件であり、東西町地区で特に子どもに関連する活動が活発な理由にはならない。では東西町地区特有の性格とはなんだろうか。考えられるのは、地域としての一体性と子どもの中心性の二つである。

まず一体性について、東西町地区は現在４区からなるが、当初は８戸から始まったとのことで、同じ１つの自治会だったと考えられる。それが公民館の単位にもなり、そしてＲＭＯもその単位で形成された。特に公民館の設置は住民の「悲願」で、署名活動の末設置されたという。通常は「自治会∧公民館＝ＲＭＯ」だが、東西町地区では「自治会≒公民館＝ＲＭＯ」であり、地域の一体性が強く、ＲＭＯに対する住民の帰属意識、主体性が高いのが特徴といえるのではないだろうか。関連して、東西町地区のＲＭＯは各戸から５４００円／年の会費を徴収している。本文に詳細についての説明はないが、おそらく自治会もしくは公民館が活動費として徴収、執行していたものをＲＭＯが代行するようになったものと考えられ、ここにもＲＭＯに対する住民の帰属意識、言い方を替えればＲＭＯの地域代表性が表現されているといえる。この地域としてのまとまりの強さは、ＲＭＯの活動全般にメリットをもたらし、当然子どもに関わる活動にも良い影響を与えていると考えられる。

もう一つの子どもの中心性については、東西町地区は50年前に入居が始まったニュータウン、ベッドタウンである。住民の多くは、転入時には子育て世代であり、当初から子どもが地域づくりのシンボルだった。さらに現在は高齢化が進みつつあるとはいえ、立地の良さから新規の住民の流入も続いており、子どもが人口の一定割合を維持している。多くのニュータウンは新陳代謝、世代交代がなく高齢化が進み、地域づくりの中での子どもの存在感が小さくなってしまうのと対照的である。東西町地区では発足当初から子どもに関連する活動が活発で、その後も持続、発展してきた背景として、ニュータウンという地域のルーツと、立地の良さによる一定の新陳代謝が作用していると言えるのではないか。

以上の点は、子ども地域福祉に取り組む際にプラスに働く要素だが、東西町地区には別にハンディキャップとなる性格もある。東西町地区と小学校との関係は「小学校区＞ＲＭＯ」で、通う小学校の児童数315人に対し、東西町地区の児童は40人と1割強に過ぎない。「小学校区＝ＲＭＯ」の場合、校長や教頭がＲＭＯの副会長となったり、ＰＴＡ会長が教育部会の会長になるなど、学校とＲＭＯの一体性を高めるケースが多いが、東西町地区ではそれが難しい。にも関わらず、コミュニティスクールの取り組みを通じて学校と連携し、それが「気になる子ども」の情報共有や課題解決につながる、という良好な関係を構築している。

ここまで東西町地区の4つの性格について見てきた。ベッドタウン、ニュータウンという性格に由来する特徴は、農村部にそのまま当てはまるわけではないが、手厚い財政支援や学校との連携については参考にできる。特に本文でも指摘されているように、農村部では学校の統廃合が進み、「小学校区＞ＲＭＯ」という関係が広がりつつある。統廃合がやむを得ない場合でも、学校とＲＭＯが連携し、子どもの福祉を充実させていくアイデアが本書で示されているといえる。なおコミュニティスクールの実施割合は全国で高まっているが、実際の活動には濃淡があり、まずはＲＭＯと学校で相互の活動についての情報共有と連携策の検討のための関係機関のサポートが期待される。

４　ＲＭＯによる子ども地域福祉の得意・不得意

上でＲＭＯと子ども地域福祉との相性の良さに触れたが、最新のデータからも確認してみたい。表には実施割合が高い順に子どもに関連する活動を示した。これを見ると、高齢者福祉、防災と並んで、子どもに関連する活動が上位にランクインしている。今後、政府による子ども政策が強化されていくと考えられるが、ＲＭＯは既にこれだけの活動を実施している点を確認しておきたい。子ども政策において、家庭や学校、専門機関、ＮＰＯだけでなく、ＲＭＯも主要なプレーヤーであり、政策のバックアップによる今後の更なる取り組みの強化、広がりが期待される。

その上で、さらに表を注意して見ると、子ども関連の活動の中でのＲＭＯの得意、不得意も見えてくる。登下校の見守りや健全育成など、旧来から子ども会や青少年育成協などが担ってきた活動の数値が高い。ＲＭＯの構成団体としても、「子ども・青少年育成に関わる団体（50・６％）」は、「自治会・町内会（78・２％）」、「地域の福祉活動に関わる団体、民生委員・児童委員（58・７％）」に次いで高くなっ

表　RMOの子どもに関する活動の実施割合

実施割合の順位	活動内容	実施割合（%）
1	祭り・運動会・音楽会などのイベント	68.4
2	交流事業	66.8
3	健康づくり	60.2
4	地域の美化・清掃	59.7
5	防災訓練・研修	59.1
11	登下校の見守り	43.6
13	青少年の健全育成	38.5
18	子育て中の保護者が集まる場の提供	18.4
19	子どもの学習支援、学童サービス	17.6
30	送迎サービス（学校、病院、その他高齢者福祉施設など）	6.7
31	子ども食堂の運営	6.3
35	保育サービス・一時預かり	2.2

資料：総務省地域力創造グループ地域振興室「地域運営組織の形成及び持続的な運営に関する調査研究報告書」（2023年３月）より作成。

注：１）活動内容の選択肢は38あり、そこから「その他」を除く37の中から上位５つと、子どもに関する活動の順位と実施割合を表示。

２）子どもに関連する活動に網掛け。

ている。ＲＭＯは地域を基盤とする既存の子ども・青少年関連団体と連携し、ＲＭＯの資源も活用して各種の活動を実施していると考えられる。

それに対し、子ども食堂や一時預かりなどを実施しているＲＭＯはごくわずかである。子ども食堂については、取り組んでいるＲＭＯは6・3％、500弱に過ぎない。しかし本文でも言及されているように、例えば子ども食堂はコロナ下でも増加し、全国にＲＭＯとほぼ同数の7千強の取り組みがあるとされる。子ども食堂の多くは、ＮＰＯなどのいわゆる市民活動として実施されていると考えられるが、子ども会や青少年育成協など、旧来からある活動、組織と比べ、ＲＭＯとの連携はまだ進んでいない。例えば先の構成団体のデータで、ＮＰＯの参加は5・9％にとどまる。なぜ接点が持ちにくいのか、どうすれば連携が進むのか、その解明が今後の課題といえる。

5　ＲＭＯにとっての子ども地域福祉

ここまで子ども地域福祉にとってのＲＭＯの意義、役割についてみてきたが、逆にＲＭＯにとっての子ども地域福祉の意味についても考えてみたい。東西町地区が子ども地域福祉に取り組む動機は、「地区の子どもは地区で育て」、「好きになって」もらい、「大きくなったら帰ってきて……守ってほしい」からだった。子どもの健全な成長だけでなく、地域づくりの担い手の確保、育成にも重きを置いているといえる。例えば定時放送を受けた下校時の見守りやラジオ体操を通じた子どもとの触れ合いが高齢者の生きがいになったり、各種のイベントに子どもが参加することで、大人の参加率も上がるなど、子どもの存在が他分野にも相乗効果をもたらす。また子どもも地域づくりの当事者として位置づけ、資源回収や公民館の管理作業、イベントのスタッフなど、大人と共に活動する点もポイントである。さらに、成長して高校生サークルや青年団を組織し、大人と一緒に活動する点や、Ｕターン促進の取り組みも注目される。本書では取り上げられていないが、東西町地区が2019年度に策定した第3期地域づくり計画のための出身者アンケートでも、地域での良い思い出があるほどUターンの意向が強いことが分かっている。世代や分野で区切らず、継ぎ目のない人材の確保、育成のプロセスが形成されつつある。

以上のように、他分野の活動との相乗効果、子どもも地域の一員として位置づけ一緒に活動する関係、ステージの変化に合わせた切れ目のない人材の確保、育成の仕組みの三点が、東西町地区の子ども向けの活動の特徴として指摘できる。子ども向けの活動が、子どもにとっての直接的なメリットだけでなく、ＲＭＯ全体にとってもメリットをもたらすように設計されていると言える。子ども向けの活動は、ＲＭＯ全体にとっても重要であり、その具体策を示した点でも本書の意義は大きい。

6　RMOと大学・研究者の関係

最後に、子ども地域福祉とは直接関係ないが、ＲＭＯと大学、研究者の関係についても考えたい。本文ではほとんど触れられていないが、本書は先進事例として無作為に東西町地区を選んだのではない。筆者のひとりである東根氏は、本書の企画以前から先に紹介した東西町地区の第3期地域づくり計画の策定に関わっていた。具体的には、住民アンケート調査の設計、分析、ワークショップの運営、計画書の素案づくりの支援に携わっている。本書はＲＭＯ前会長の原氏や事務局員の黒木氏の生の声を中心に記述され、地域リーダーの思いや現場の雰囲気、空気感が鮮明に伝わってくるが、紙幅もあり中心メンバー以外の声や、データの紹介についてはやや抑制的である。しかし、実際には計画づくりの中での住民との様々なコミュニケーションや、アンケート分析によるデータの裏付けがあることを、是非紹介しておきたい。ちなみに東根氏は、専門知識を活かした社会貢献活動である「プロボノ」の研究も行っており、専門家の地域、社会との関わりの新しい姿を模索していることも注目される。

ＲＭＯの活動は多分野にわたり、運営手法も既存の地域づくりにかかわる組織、団体とは異なり、かつ多様である。

そのため東根氏の地域福祉学、筒井氏の経済地理学だけでなく、経営学、法学、教育学、行政学など様々な学問分野の関心を集め、研究が徐々に進みつつある。それらの研究成果の地域への還元に加え、東根氏のようにＲＭＯの活動への直接的な支援や、ＲＭＯの課題解決に共同で取り組むアクションリサーチの広がりにも期待したい。

ちなみに総務省の調査によると、ＲＭＯがある市町村のうち、ＲＭＯに対して単発の外部人材派遣を行っている市町村が19・３％ある。その人材としては、ファシリテーター・アドバイザーが48・５％でトップ、続いて中間支援組織の37・０％、そして生活支援コーディネーターと並んで大学教員は23・０％と3位である。また協力団体として専門学校・大学を挙げているＲＭＯも7・7％となっている。前者は2割の中の2割なので、全体の約４％、後者も1割に届かず、ＲＭＯと大学、研究者との連携はまだ一般的とは言えない。例えば市町村と大学の包括連携協定や、県による行政課題と研究のマッチング事業などが各地で展開されているが、その中にＲＭＯに関する研究を積極的に位置づけ、ＲＭＯ側、大学側双方に連携を促すなどの取り組みが期待される。

■「農山村の持続的発展研究会」について

（一社）日本協同組合連携機構（ＪＣＡ）では、「農山村の新しい形研究会」（２０１３～２０１５年度）および「都市・農村共生社会創造研究会」（２０１６～２０１９年度）（いずれも・座長・小田切徳美（明治大学教授））を引き継ぐ形で、「農山村の持続的発展」をテーマに、そのために欠かせない経済（６次産業、交流産業）、社会（地域コミュニティ、福祉等）、環境（循環型社会、景観等）など、多方面からのアプローチによる調査研究を行う「農山村の持続的発展研究会」（２０２０～２０２２年度）を立ち上げ、研究を進めてきた。メンバーは小田切徳美（座長〈代表〉／明治大学教授）、図司直也（副代表／法政大学教授）、筒井一伸（副代表／鳥取大学教授）、山浦陽一（大分大学准教授）、野田岳仁（法政大学准教授）、東根ちよ（大阪公立大学准教授）、小林みずき（信州大学助教）。研究成果は、『ＪＣＡ研究ブックレット』シリーズの出版、ＷＥＢ版『ＪＣＡ研究ＲＥＰＯＲＴ』の発行、シンポジウムの開催等により幅広い層に情報発信を行っている。

【著者略歴】

東根 ちよ［ひがしね ちよ］

〔略歴〕大阪公立大学現代システム科学域教育福祉学類准教授。和歌山県生まれ。同志社大学大学院総合政策科学研究科博士後期課程修了。博士（政策科学）。

〔主要著書〕『人生が輝くSDGs』せせらぎ出版（2022年）共著、『「ファミサポ」の安全を考える』かもがわ出版（2018年）共著、「社会福祉協議会による子育てネットワークの意義」同志社大学政策学会（2018年）など。

筒井 一伸［つつい　かずのぶ］

〔略歴〕鳥取大学地域学部地域創造コース教授。1974年、佐賀県生まれ・東京都育ち。専門は農村地理学・地域経済論。大阪市立大学大学院文学研究科地理学専攻博士後期課程修了。博士（文学）。

〔主要著書〕『学びが地域を創る』学事出版（2022年）共編著、『田園回帰がひらく新しい都市農山村関係』ナカニシヤ出版（2021年）編著、『若者を地域の仲間に！秘訣をつかむハンドブック』筑波書房（2021年）共編著など。

【監修者略歴】

山浦 陽一［やまうら よういち］

〔略歴〕大分大学経済学部准教授。1979年、東京都生まれ。東京大学大学院農学生命科学研究科博士課程修了。博士（農学）。公益財団法人日本農業研究所研究員を経て2009年より現職。

〔主要著書〕『地域人材育成を育てる手法』農山漁村文化協会（2022年）共編著、『地域福祉における地域運営組織との連携』筑波書房（2022年）、『内発的農村発展論』農林統計出版（2018年）共著、『地域運営組織の課題と模索』筑波書房（2017年）など。

JCA研究ブックレットNo.33

地域運営組織による子どもの地域福祉

農村への展望

2023年8月30日　第1版第1刷発行

著　者◆東根 ちよ・筒井 一伸
監修者◆山浦 陽一
発行人◆鶴見 治彦
発行所◆筑波書房
東京都新宿区神楽坂2-16-5　〒162-0825
☎03-3267-8599
郵便振替 00150-3-39715
http://www.tsukuba-shobo.co.jp

定価は表紙に表示してあります。
印刷・製本＝平河工業社
ISBN978-4-8119-0656-0 C0033